AF627536

reinhardt

Basiswissen Frühpädagogik

Herausgegeben von Prof. Dr. Timm Albers

Titel in dieser Reihe:

Albers/Ritter: Zusammenarbeit mit Eltern und Familien in der Kita
Höhl/Weigelt: Entwicklung in der Kindheit (4–6 Jahre)
Jungmann/Albers: Frühe sprachliche Bildung und Förderung
Kraska/Teuscher: Naturwissenschaftliche Bildung in der Kita
Schwarz: Frühe Bewegungserziehung

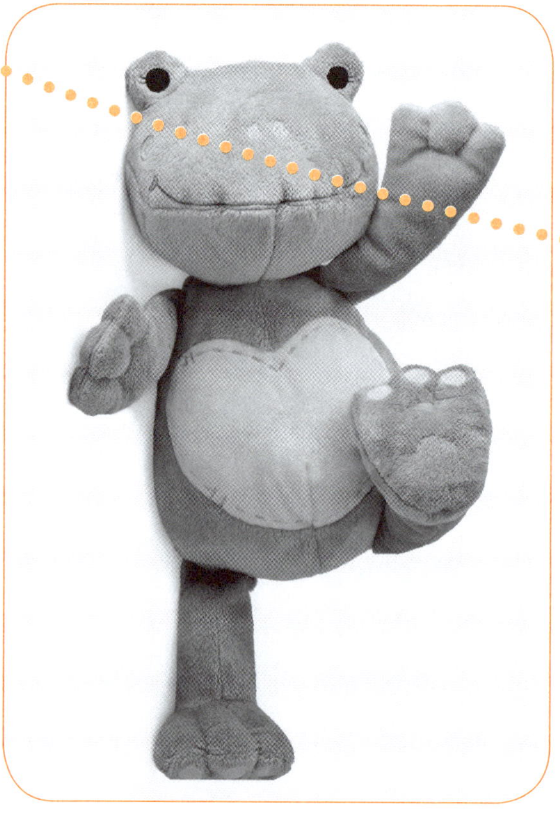

Sabina Pauen • Jeanette Roos

Entwicklung in den ersten Lebensjahren (0–3 Jahre)

3., überarbeitete Auflage

Mit 20 Abbildungen und 4 Tabellen
Mit Online-Material

Ernst Reinhardt Verlag München

Prof. Dr. phil. *Sabina Pauen*, Dipl.-Psych., ist Professorin für Entwicklungspsychologie und Biologische Psychologie an der Universität Heidelberg.

Prof. Dr. rer. nat. *Jeanette Roos*, Dipl.-Psych., ist Professorin i. R. für Entwicklungs- und Pädagogische Psychologie an der Pädagogischen Hochschule Heidelberg.

Bibliografische Information der Deutschen Nationalbibliothek

Die Deutsche Nationalbibliothek verzeichnet diese Publikation in der Deutschen Nationalbibliografie; detaillierte bibliografische Daten sind im Internet über <http://dnb.d-nb.de> abrufbar.

ISBN 978-3-497-03223-5 (Print)
ISBN 978-3-497-61868-2 (PDF-E-Book)
ISBN 978-3-497-61869-9 (EPUB)

3., überarbeitete Auflage

© 2024 by Ernst Reinhardt, GmbH & Co KG, Verlag, München

Dieses Werk, einschließlich aller seiner Teile, ist urheberrechtlich geschützt. Jede Verwertung außerhalb der engen Grenzen des Urheberrechtsgesetzes ist ohne schriftliche Zustimmung der Ernst Reinhardt GmbH & Co KG, München, unzulässig und strafbar. Das gilt insbesondere für Vervielfältigungen, Übersetzungen in andere Sprachen, Mikroverfilmungen und für die Einspeicherung und Verarbeitung in elektronischen Systemen. Der Verlag Ernst Reinhardt GmbH & Co KG behält sich eine Nutzung seiner Inhalte für Text- und Data-Mining i. S. v. § 44b UrhG ausdrücklich vor.

Printed in EU
Cover unter Verwendung von Fotos von © Avanne Troar / Fotolia.com
Fotos im Innenteil von Stephen Frank
Satz: Katharina Ehle

Ernst Reinhardt Verlag, Kemnatenstr. 46, D-80639 München
Net: www.reinhardt-verlag.de E-Mail: info@reinhardt-verlag.de

Inhalt

Hinweise zur Verwendung der Icons

Kapitelzusammenfassungen

Literatur- und Website-Empfehlungen

Definitionen

Lernfragen

Online-Zusatzmaterial

Lösungen zu den Lernfragen rund um die Entwicklung in den ersten Lebensjahren (0–3 Jahre) gibt es unter www.reinhardt-verlag.de. Auf der Homepage geben Sie den Buchtitel oder die ISBN in die Suchleiste ein. Hier finden Sie das passwortgeschützte Zusatzmaterial unter den Produktanhängen. Das Passwort zum Öffnen der Dateien finden Sie im Buch vor dem Literaturverzeichnis.

Vorwort zur 3. Auflage

Liebe Leserinnen und Leser,

mit Freude präsentieren wir Ihnen nun die dritte Auflage unseres Buches zur kindlichen Entwicklung in den ersten drei Lebensjahren. Seit der Veröffentlichung der ersten Auflage im Jahr 2017 und der zweiten im Jahr 2020 haben wir uns bemüht, das Buch, soweit möglich, aktuell zu halten.

Prinzipiell tun wir unser Bestes, um mit dieser Lektüre den Dialog zwischen Wissenschaft und Praxis zu stärken und das Arbeitsfeld der frühkindlichen Bildung weiter zu professionalisieren, indem wir – auch zur Bewältigung wachsender Anforderungen – systematisch wissenschaftliche entwicklungspsychologische Erkenntnisse an Menschen in Studium und Praxis weitergeben. Das Buch bietet eine fundierte Ressource für ein umfassendes Verständnis wichtiger Meilensteine und Prozesse in den ersten Lebensjahren.

Ihr Interesse, liebe Leserinnen und Leser, ist für uns Motivationsquelle. Dafür danken wir Ihnen! In der frühen Kindheit vollziehen sich erstaunliche Veränderungen im kognitiven, sprachlichen, emotionalen, sozialen und motorischen Bereich, die zum Teil prägend für das ganze weitere Leben sind. Indem wir diese Entwicklungen genauer beschreiben, versuchen ihre Entstehung zu erklären, ihre Bedeutung hervorheben und das Zusammenspiel der Entwicklungsbereiche thematisieren, wollen wir Sie dabei unterstützen, für Kinder gute Begleiter:innen im Alltag zu sein.

Möge das Buch beste Fachpraxis vermitteln und Sie inspirieren! Immerhin geht es darum, Kinder so auf das Leben vorzubereiten, dass sie mit den großen Herausforderungen der Zukunft gut umgehen und dieses erfolgreich gestalten kann. Dafür benötigen Kinder von Anfang an unsere wertschätzende Aufmerksamkeit und Zuwendung.

Besonderer Dank gilt auch dem Verlag, der uns mit seinem Engagement zum dritten Mal die Möglichkeit bietet, unser Wissen mit einer breiten Leser:innenschaft zu teilen.

Heidelberg im August 2023,
Jeanette Roos & Sabina Pauen

Einleitung

Ziel dieses praxisorientierten Buches ist es, eine differenzierte Betrachtung der Entwicklung und Bildung von Kindern in den ersten Lebensjahren zu geben. Dabei stehen entwicklungspsychologische Kenntnisse im Vordergrund. Hinsichtlich des Lernens zwischen dem Säuglings- und Schulalter bestehen in Forschung und Praxis noch deutliche Wissenslücken (Siegler et al., 2016). Gesicherte Erkenntnisse beziehen sich häufig auf durchschnittliche Entwicklungsverläufe, während die Entwicklung von Kindern mit unterschiedlichen sozialen und kulturellen Hintergründen weniger Beachtung findet. Die Entwicklungspsychologie der Lebensspanne geht davon aus, dass Entwicklung zu jedem Zeitpunkt des Lebens multidimensional, -direktional, -kausal und -funktional verläuft (Schneider & Lindenberger, 2018). Dabei meint

- **multidimensional,** dass Entwicklung gleichzeitig auf unterschiedlichen Ebenen stattfindet (z.B. im Denken, Fühlen, Sprechen und Handeln).
- **multidirektional,** dass jeder Mensch sich zu unterschiedlichen Zeiten in unterschiedliche Richtungen entwickeln kann.
- **multikausal,** dass Entwicklung unterschiedliche Gründe haben kann und diese oft zusammenwirken.
- **multifunktional,** dass es nicht nur ein Kriterium für den Erfolg von Entwicklung gibt, sondern auch dafür, was als Gewinn oder Verlust betrachtet wird.

Unterschieden werden darüber hinaus kontinuierliche und diskontinuierliche Entwicklungsverläufe, wobei im ersten Fall ein quantitativer Zuwachs bzw. Veränderung in einem bestimmten Merkmal (z. B. Größenwachstum oder Wortschatzerweiterung) auftritt und im zweiten Fall eine qualitative Zustandsveränderung (z. B. wenn ein Kind Zähne bekommt oder eine neue Einsicht gewinnt).

Die Entwicklungspsychologie beschreibt Entwicklungsphänomene und sucht Erklärungen – Ursachen und Bedingungen für das Zustandekommen von altersbezogenen Veränderungen. Während die Erklärungssuche eher grundlagenorientiert ist, gehört die Diagnose des aktuellen Entwicklungsstandes und die Prognose künftiger Veränderungen sowie die Suche nach Möglichkeiten einer gezielten und günstigen Beeinflussung des Entwicklungsgeschehens zu den anwendungsbezogenen Aufgaben der Disziplin. Das gilt auch für die Frage, wie sich Entwicklungsrisiken reduzieren lassen und wie Fehlentwicklungen vermieden werden können.

Im Rahmen der Entwicklungsdiagnostik wird der Entwicklungsstand eines einzelnen Kindes in Relation zu seiner Altersgruppe gesetzt. So lassen sich auch interindividuelle Unterschiede feststellen. Der Entwicklungsstand (oft gemessen am Entwicklungsalter) muss nicht in allen Entwicklungsbereichen gleich sein. So kann ein Kind motorisch weiter entwickelt sein als Kinder gleichen Alters, kognitiv dagegen noch Nachholbedarf haben. Mit der Suche nach Interventionsmöglichkeiten leistet die Entwicklungspsychologie einen Beitrag dazu, Entwicklungsergebnisse zu optimieren.

Das vorliegende Buch möchte allen, die sich im Studium oder in der Praxis vertieft mit Null- bis Dreijährigen beschäftigen, einen lebendigen und klaren Einblick in verschiedene Entwicklungs- bzw. Funktionsbereiche und deren Zusammenspiel geben. Es gründet auf aktuellen entwicklungspsychologischen Forschungsergebnissen und verfolgt eine anwendungsorientierte Perspektive. Daher verzichten wir darauf, wissenschaftliche Zugänge zur kindlichen Entwicklung detailliert zu beschreiben und die Methoden der Entwicklungspsychologie ausführlich vorzustellen. Erkenntnisse aus Grundlagen- und anwendungsorientierter Forschung sollen vielmehr möglichst auf professionelles Handeln in alltäglichen, pädagogischen oder Beratungssituationen übertragen und dort wirksam werden können. Eine besondere Bedeutung hat dabei der Bezug zwischen Individuum und Umwelt, insbesondere die Entwicklung von Kindern in Familien und/ oder Bildungsinstitutionen wie Kindertageseinrichtungen und Kindertagespflege. In all diesen Kontexten geht es darum, auf individueller wie auf Gruppenebene Entwicklungsziele, aber auch Entwicklungspotenziale und Entwicklungsrisiken zu identifizieren, die dazugehörigen Rahmenbedingungen zu analysieren und Prognosen zu erstellen. Darauf gestützt erfolgen in Kindertageseinrichtungen die Raumplanung und das Materialangebot, die Alltagsgestaltung, Bildungsplanung und die Durchführung von Bildungsangeboten wie auch bei Bedarf die gezielte Förderung (Intervention) von Kindern.

Im ersten Kapitel beschäftigt sich das Buch mit der Bewältigung von Entwicklungsaufgaben, der Bedeutung sensibler Phasen im Lebenslauf, Lernmechanismen und der Einbettung von Lernprozessen in diverse soziale Alltagsbeziehungen. Auch wenn nicht jeder Lernschritt im Rahmen von Interaktionen stattfindet, ist Lernen bei Säuglingen und Kleinkindern ohne Beziehungen zu anderen Menschen nicht denkbar. Zudem beschäftigt sich das erste Kapitel mit der Bedeutung kultureller Kontexte und der Prägung früher Kindheit durch soziale Muster. Kulturelle Kontexte produzieren durch die Bildung von Normen und Werten Lebensstile und Umgangsformen, die Unterschiede in Entwicklungsverläufen mit sich bringen. Die Beschäftigung mit dem Säuglings- und Kleinkindalter hilft, die Diversität bzw. Heterogenität menschlicher Lebensläufe besser zu verstehen. Schließlich geht es im ersten Kapitel um außerfamiliäre Kontexte von Entwicklung, Bildung und Betreuung. Etwa jedes dritte Kind unter drei Jahren wird derzeit in einer Kindertageseinrichtung oder in der Kindertagespflege betreut. Es ist daher von zentraler Bedeutung, sich auch mit der außerfamiliären Entwicklung genauer zu befassen.

Kern des Buches bildet Kapitel 2 mit seinen Unterkapiteln. Dort wird die Entwicklung von Kindern in den ersten drei Lebensjahren in sechs zentralen Funktionsbereichen differenziert beschrieben. Die Entwicklungspsychologie möchte Verhalten und Erleben von Menschen beschreiben, erklären und vorhersagen. Dabei spielt die Abfolge des Erwerbs wichtiger Kompetenzen, wie der Fähigkeit sich zu bewegen, wahrzunehmen, zu denken, zu sprechen, miteinander umzugehen, zu fühlen und sich selbst zu regulieren, eine bedeutsame Rolle. Jedes Unterkapitel informiert über bedeutsame Fortschritte in diesen Bereichen und gibt Hinweise darauf, wie diese unterschiedlichen Entwicklungen miteinander zusammenhängen. Im Hinblick auf die Gestaltung frühkindlicher Entwicklungs- und Bildungsprozesse sind solche Kenntnisse von hoher Praxisrelevanz.

Kinder in den ersten drei Lebensjahren lernen, sich zu bewegen und ihre elementaren körperlichen und geistigen Bedürfnisse zu befriedigen. Durch Bewegen, Tasten, Hören, Schmecken, Sehen und Riechen (Sinneswahrnehmung) macht der Säugling seine ersten Erfahrungen und sammelt vielfältige Informationen. Auch Schlafen und Ruhen, Essen und Trinken wollen gelernt sein. Daher beschäftigen sich Kapitel 2.1 mit der körperlichen und motorischen Entwicklung und Kapitel 2.2 mit der Entwicklung von Wahrnehmung und Aufmerksamkeit.

In keinem späteren Lebensabschnitt lernen Kinder so viel und so schnell wie in den ersten drei Lebensjahren (wir werden darauf noch gesondert eingehen). Säuglinge und Kleinkinder erforschen und entdecken die Welt (Exploration); sie sind interessiert und motiviert, sich neues Wissen über Objekte, über Zusammenhänge oder über andere Menschen anzueignen. Die Entwicklung kognitiver Kompetenzen spielt neben der Sprache eine zentrale Rolle in der frühkindlichen Bildung. Kognitive Kompetenzen werden in Kapitel 2.3 thematisiert und umfassen ein breites Spektrum sehr unterschiedlicher Fähigkeiten. Im Mittelpunkt von Kapitel 2.4 steht der Spracherwerb in den ersten drei Lebensjahren. Beschrieben wird die Komplexität dieser zentralen Entwicklungsaufgabe anhand von zehn Meilensteinen. Das Kapitel 2.5 beschäftigt sich damit, was Emotionen sind und wie sie sich im Laufe der ersten drei Lebensjahre entwickeln. Darüber hinaus greift es die Entwicklung der Regulation von Emotionen auf. Die wesentlichen sozialen Entwicklungsschritte bzw. die Entwicklung der Fähigkeiten, aktiv am sozialen Miteinander teilzunehmen, stehen im Vordergrund von Kapitel 2.6. Dabei geht es zunächst um die Beziehung zwischen dem Säugling/Kleinkind und seinen nächsten Bezugspersonen, aber auch um Beziehungen zu Gleichaltrigen (frühe Peer-Beziehungen). Obwohl in den ersten Lebensmonaten/Jahren vor allem die Mutter viel Zeit mit ihrem Kind verbringt, gelten die Ausführungen selbstverständlich auch für Väter und andere Bezugspersonen des Kindes, die einen besonderen Stellenwert haben. Das letzte Kapitel (Kap. 3) thematisiert das Zusammenspiel der verschiedenen Fähigkeiten, die das Kind in den ersten Lebensjahren erwirbt, und macht darüber hinaus deutlich, dass neben diesen Kompetenzen auch das Temperament des Kindes und die Passung zu einer gegebenen Umwelt zur Formierung der Persönlichkeit beitragen. Es werden besondere Risiken der frühen Entwicklung angesprochen und einige diagnostische Verfahren im Überblick dargestellt. Die Persönlichkeit eines Kindes zu begreifen ist ein komplexes Geschehen, an dem viele Faktoren beteiligt sind. Das vorliegende Buch möchte zu dessen Verständnis beitragen.

Schneider, W. & Lindenberger, U. (Hrsg.) (2018). Entwicklungspsychologie (8. Aufl.). Weinheim: Beltz.

Siegler, R., Eisenberg, N., DeLoache, J. & Saffran, J. (2016). Entwicklungspsychologie im Kindes- und Jugendalter (4. Aufl.). Heidelberg: Spektrum Akademischer Verlag.

1 Was ist für die frühe Entwicklung bedeutsam?

Jedes Kind muss im Alltag Aufgaben bewältigen, um sich Schritt für Schritt in der Welt zurechtzufinden. Zentrale Entwicklungsaufgaben (z.B. Beziehungsaufbau, Fortbewegung, Sprache) sind überall auf der Welt gleich bzw. „universell“. Die Art und Weise, wie oder zu welchem Zeitpunkt die Aufgaben bewältigt werden, variiert jedoch beträchtlich. Unterschiede im Entwicklungsverlauf entstehen zum einen durch die Einzigartigkeit der genetischen Veranlagung eines jeden Kindes, zum anderen durch die Vielfältigkeit der Umweltbedingungen, in denen Kinder aufwachsen. Die Werte und Normen einer Kultur beeinflussen die Vorstellungen darüber, wie sich Kinder entwickeln und was sie lernen sollen.

Von Geburt an verfügen Säuglinge über verschiedene Lernmechanismen, die sie dabei unterstützen, sich ihre Umwelt zu erschließen und Wissen über sich selbst und die Mitmenschen zu erlangen. Damit ist eine Anpassung an variable Umwelten möglich und es sind die Voraussetzungen für unterschiedliche Entwicklungsverläufe geschaffen. Die Lernmechanismen werden besonders gut in anregenden Alltagssituationen und Interaktionen wirksam. Die ersten Lebensjahre stecken voller Möglichkeiten, Kindern vielfältige Anregungen zu geben und ihre Lernumwelt passend zu gestalten.

1.1 Entwicklungsprozesse – Grundlagen

Menschen entwickeln sich lebenslang. Die ersten drei Lebensjahre sind dabei eine Phase hoher Entwicklungsgeschwindigkeit und tiefgreifender Veränderungen. Zentrale körperliche, motorische, kognitive, sprachliche, emotionale und soziale Fähigkeiten machen enorme Fortschritte. Formal wird die Zeit zwischen Geburt und vollendetem dritten Lebensjahr häufig in drei Abschnitte unterteilt

- **Neugeborenenalter:** Damit sind die ersten 28 Lebenstage nach der Geburt gemeint. Zu den Grundbedürfnissen eines Neugeborenen gehören u.a. ausgedehnte Schlafperioden, oftmalige Nahrungsaufnahme und der Aufbau einer festen Beziehung zu mindestens einer ständigen Bezugsperson.

- **Säuglingsalter:** Es umfasst das gesamte erste Lebensjahr und ist durch eine hohe Zunahme von Körpergröße und -gewicht sowie die Reifung des Gehirns gekennzeichnet. Ab Mitte des ersten Lebensjahres setzt die Zahnbildung ein. Ebenso lässt sich ein starker Bewegungsdrang beobachten und Ansätze der Sprachentwicklung im vorsprachlichen Stadium.

- **Kleinkindalter:** Der längste Abschnitt umschreibt das zweite und dritte Lebensjahr, in dessen Verlauf Kinder z.B. lernen, allein zu gehen und ihre Ausscheidungen zu kontrollieren. Selbstkonzept und Identitätsbildung wie auch die Sprachentwicklung machen entscheidende Fortschritte. Oft gibt es auch schon erste bevorzugte Spielkamerad:innen.

Alle drei Abschnitte zusammengenommen stellen eine Entwicklungsphase dar, in der wichtige Weichen für das weitere Leben gestellt werden. Weichenstellungen betreffen nicht nur die gesunde psychische und körperliche Entwicklung sowie die Gestaltung sozialer Beziehungen, sondern haben auch Auswirkungen auf die eigene Bildungsbiografie und spätere Bildungserfolge. Erfahrungen, die Säuglinge und Kleinkinder in ihren Familien und mit primären Bezugspersonen machen, sind besonders wirksam. Wenn Kinder bereits in den ersten Lebensjahren viel Zeit in familienergänzende Institutionen oder der Tagespflege verbringen, gewinnt die außerhäusliche Betreuung an Bedeutung für die kindliche Entwicklung und Bildung. Zukunftsweisend sind in diesem Zusammenhang Forschungsbemühungen mit systemischem Hintergrund, die sich Kindern, Eltern und Fachkräften zuwenden und die Wechselwirkungen zwischen familiären und institutionellen Bedingungen und Merkmalen untersuchen.

Entwicklung als Aufgabe

Von Geburt an werden Kinder mit zahlreichen Entwicklungsaufgaben konfrontiert, deren möglichst erfolgreiche Bewältigung als Grundlage für eine gesunde Entwicklung und als Basis für das Erlangen immer komplexer werdender Kompetenzen betrachtet werden können. Entwicklungsaufgaben müssen in bestimmten Lebensperioden bzw. -abschnitten im menschlichen Lebenslauf bewältigt werden und stehen mit der jeweils umgebenden Kultur in Zusammenhang. Der Wunsch oder Wille, eine bestimmte Entwicklungsaufgabe (z. B. Laufen können) zu meistern, wirkt als Antrieb, die Diskrepanz zwischen dem Noch-nicht- und dem Können zu überwinden. Nach Havighurst (1948), dem Begründer dieser Theorie, führt die erfolgreiche Bewältigung zu Glück und weiterem Erfolg, während Versagen bei der Bewältigung unglücklich macht, zu Ablehnung durch die Gesellschaft und zu Schwierigkeiten bei der weiteren Aufgabenbewältigung im Laufe des Lebens führen kann.

Die Bewältigung von Entwicklungsaufgaben hängt von individuellen Leistungsmöglichkeiten, soziokulturellen Erwartungen oder Entwicklungsnormen sowie individuellen Zielsetzungen und Werten ab: Individuen (z. B. ein zweijähriges Kind), Mitglieder in sozialen Netzwerken (z. B. der Kooperation von Eltern, pädagogischen Fachkräften oder Tagesmüttern in Erziehungsfragen), kulturelle und gesellschaftliche Angebote (wie der politische Rückhalt für Kindertageseinrichtungen für Kinder unter drei Jahren), Anforderungen und Ressourcen (wie Bildungsziele, Qualitätsmerkmale und finanzielle Ausstattung) beeinflussen sich wechselseitig. Das sich entwickelnde Kind gestaltet seine eigene Entwicklung aktiv mit. Die Anforderungen, die sich ihm im Laufe des Lebens stellen, besitzen einen jeweils unterschiedlichen Grad an Verbindlichkeit. Manche müssen unbedingt bewältigt werden (z. B. Kontrolle der Ausscheidungen, soziale Kontaktfähigkeit, Schulfähigkeit), andere kommen eher als Chancen oder Möglichkeit daher, die ergriffen werden können oder nicht (z. B. zu heiraten oder Kinder zu bekommen).

Wie die Bewältigung von Entwicklungsaufgaben beurteilt wird, ist immer auch vom kulturellen Kontext abhängig. Personen, die ein Kind beim Erreichen seiner Entwicklungsziele unterstützen, sollten daher einen Konsens über Entwicklungsziele und mögliche Wege zur Bewältigung finden. Je jünger ein Kind ist, desto deutlicher liegt die Formulierung der Zielsetzung für die nahe und entfernte Zukunft in den Köpfen und Händen von erwachsenen Bezugspersonen (Eltern, Fachkräften, Tagesmüttern, Großeltern usw.). Der Blick auf einzelne Entwicklungsaufgaben und ihre Bewältigung wird dabei ganz wesentlich mitbestimmt vom jeweiligen „Bild vom Kind“ und der damit verbundenen Auffassung, wie groß der Anteil des Kindes an seiner eigenen Entwicklung einzuschätzen ist.

sensible Phasen

Innerhalb der ersten drei Lebensjahre (wie auch später noch) lassen sich sogenannte sensible Phasen beschreiben. Das sind Zeitfenster, in denen eine hohe Bereitschaft besteht, bestimmte Informationen aus der Umwelt besonders zügig zu verarbeiten und nachhaltig zu lernen. Man spricht auch von Perioden höchster Plastizität. Viele sensible Phasen sind durch Stadien der Hirnreifung bedingt. In einzelnen psychischen Funktionsbereichen scheinen Einflüsse in der frühen Kindheit prägend für das gesamte weitere Leben zu sein, was sowohl für kognitive, als auch für emotionale und soziale Funktionen gilt.

Die Entwicklung einiger Fähigkeiten (beispielsweise die Feinabstimmung von Sehen und Hören) ist sogar ausschließlich in diesen zeitlich begrenzten Entwicklungsabschnitten möglich (Braun, 2012). Bei fehlenden entwicklungsförderlichen Umweltreizen kann diese nur eingeschränkt bzw. nicht mehr nachgeholt werden. Bezüglich der Ausbildung weiterer grundlegender Funktionen finden sich andere Zeitfenster. Der Beginn sensibler Phasen wird durch einen bestimmten Reifestand der Gehirnentwicklung markiert. So ist bekannt, dass in verschiedenen Bereichen des Gehirns zu unterschiedlichen Zeiten ein Überschuss an Synapsen und Dendriten vorhanden ist, wobei die Art der Stimulierung durch die Umwelt mit darüber entscheidet, welche dieser Verbindungen erhalten bleiben und welche später wieder abgebaut werden.

Anlage-Umwelt-Kovariation

In keinem anderen Lebensabschnitt spielen Umwelteinflüsse eine so große Rolle für die Entwicklung des Menschen wie in den ersten Lebensjahren. Genetische Einflüsse werden erst im weiteren Lebensverlauf bedeutender. So ist der relative genetische Einfluss auf z. B. Intelligenzunterschiede im Ergebnis bei Erwachsenen nicht kleiner, sondern größer als bei Kindern. Als mögliche Ursache dafür kann die wachsende Bedeutung der aktiven Anlage-Umwelt-Kovariation betrachtet werden. Von aktiver Anlage Umwelt-Kovariation spricht man, wenn Personen sich Umwelten (Freund:innen, Beschäftigungen, Hobbys etc.) aussuchen, welche zu ihren genetischen Dispositionen – ihren Erbanlagen passen –, und diese Tatsache sich auf ihre weitere Entwicklung auswirkt. Die aktive Anlage-Umwelt-Kovariation nimmt im Laufe des Lebens zu, weil Menschen die Gestaltung ihrer Umwelt mit fortschreitender Entwicklung mehr und mehr selbst übernehmen, beeinflussen und kontrollieren.

Wenn Kinder auf die Welt kommen, sind sie zwar von Versorgung, Betreuung und mitmenschlicher Zuwendung abhängig, verfügen aber bereits über eine ganze Reihe beeindruckender Fähigkeiten und sind von sich aus bereit, mit ihrer Umwelt in Kontakt und Austausch zu treten. Neuere Forschungsbefunde unterschiedlicher Disziplinen machen dies deutlich und zeigen, dass die Entwicklung in den ersten Lebensjahren besonders im kognitiven Bereich noch eindrucksvoller verläuft als bislang vermutet. In diesem Zusammenhang taucht häufiger der Begriff des „kompetenten Säuglings" (Dornes, 2000) auf.

der kompetente Säugling

Dieser Begriff entstand zu Beginn des 21. Jahrhunderts als Gegenentwurf zum Bild des Kindes als unreifes, hilfsbedürftiges und gänzlich von Erwachsenen abhängiges Wesen. Er steht für ein eigenständiges Individuum mit großem Entwicklungspotenzial und eigenen Rechten. Auch in Bildungsprozessen ist das Kind nicht „Objekt" von Bildungsbemühungen erwachsener Bezugspersonen, sondern aktiv beteiligtes Individuum im Kontext sozialer Interaktionen und Beziehungen. Damit wird der aktive Anteil des Kindes in den Mittelpunkt von Entwicklung und Lernen gerückt: Das Kind als Akteur:in eigener Entwicklung, welches die gewaltige Entwicklungsarbeit mit Unterstützung durch die Umwelt selbst bewältigt. Das Meistern von Entwicklungsaufgaben gelingt ihm durch Neugier, Lernfreude, spontane Tätigkeit, Selbstorganisation und Selbstgestaltung in einer stimulierenden Entwicklungsumgebung mit Menschen, die im optimalen Fall angemessen und feinfühlig auf seine psychischen und physischen Bedürfnisse reagieren.

entwicklungspsychologische Befunde

Korrespondierend dazu, werfen neuere entwicklungspsychologische Erkenntnisse ein anderes Licht auf Fähigkeiten wie Lernmöglichkeiten von unter Dreijährigen. Schon Säuglinge verfügen über eine mentale Repräsentation von Objekten. Bereits mit drei Monaten verstehen sie, dass ein Gegenstand auch dann weiterexistiert, wenn man ihn nicht mehr sieht. Ihr intuitives Wissen über grundsätzliche Zusammenhänge der Welt ist erstaunlich, z. B. findet sich bereits im ersten Lebensjahr ein rudimentäres Verständnis von Schwerkraft oder auch ein Grundverständnis dafür, unter welchen Umständen ein Objekt stabil auf einem anderen Objekt liegen bleibt. Neben diesem intuitiven physikalischen Kernwissen existiert auch ein intuitives biologisches und psychologisches Vorwissen.

Es gibt sogar erste Hinweise darauf, dass Kinder bereits zu Beginn des zweiten Lebensjahres ansatzweise in der Lage sind, die Perspektive einer anderen Person einzunehmen. Detaillierte Ausführungen zu diesen Erkenntnissen finden sich im Kapitel Denken und Problemlösen (Kap. 2.3). Bestätigung erfahren entwicklungspsychologische Befunde durch zahlreiche neurobiologische Forschungsergebnisse. Mithilfe moderner bildgebender

Verfahren wird insbesondere der nachhaltige Einfluss früher Lernerfahrungen auf die Entwicklung des Gehirns sichtbar. Das kindliche Gehirn erfährt in den ersten Lebensjahren nicht nur ein enormes Wachstum (ca. 400 g bei Geburt und ca. 1000 g im Alter von zwei Jahren), sondern auch eine starke Verdichtung der neuronalen Netzwerke.

1.2 Lernen in der frühen Kindheit

Von Geburt an zeigen Kinder eine ausgeprägte Neugier für ihre Umwelt. Das angeborene Motiv, Informationen durch Exploration aufnehmen zu wollen, ist die grundlegende Voraussetzung für Lernen. Aber es gibt auch angeborene universelle Lernmechanismen, die dem Kind helfen, die aufgenommene Information effizient weiterzuverarbeiten.

universelle Lernmechanismen

1 Beim **Kontingenzlernen** geht es um das Erkennen von Wirkungszusammenhängen (Ursache-Wirkungslernen). Es ist eine Lernform, bei der eine Beziehung (Kontingenz) zwischen eigenem Handeln und darauffolgenden Reaktionen bzw. Konsequenzen oder Folgen erkannt wird. Wenn das Licht im Raum angeht, unmittelbar nachdem der Schalter neben der Tür gedrückt wurde, kommt diese Handlung als wahrscheinlicher Auslöser in Frage. Säuglinge haben eine hohe Sensitivität für Kontingenzen und unterscheiden zwischen beeinflussbaren und nicht beeinflussbaren Ereignissen. Wenn sich Babys als verursachend für Reaktionen von anderen Personen oder Gegenständen erleben, sind damit Selbstwirksamkeitserfahrungen verbunden.

2 **Habituationslernen** beschreibt die Gewöhnung an Reize und damit die Abnahme der Reaktionsbereitschaft bei wiederholter Reizdarbietung. Bereits wenige Tage alte Säuglinge sind in der Lage, sich an Reize zu gewöhnen. Im Laufe der Zeit nimmt die Aufmerksamkeit, die auf einen wiederholt dargebotenen Reiz gerichtet wird, ab. Langeweile tritt ein und damit Gewöhnung an den Reiz (Habituation). Der Reiz wird wiedererkannt. Werden nach einer Habituationsphase neue Reize dargeboten, nimmt die Aufmerksamkeit wieder zu. Man spricht von einer Orientierungsreaktion. Wird einem Säugling wiederholt ein visueller Reiz (Stimulus), z. B. ein Spielzeug dargeboten, wird der Säugling allmählich damit vertraut und das Interesse an dem Gegenstand lässt nach, indem das Spielzeug immer kürzer fixiert und schließlich der Blick abgewendet wird.

3 **Assoziationslernen** (Verbindungslernen) zeigt sich ebenfalls bereits in den ersten Lebensmonaten. Säuglinge können Zusammenhänge (Assoziationen) zwischen verschiedenen Ereignissen erkennen, die in unmittelbarer räumlicher oder zeitlicher Nähe zueinander auftreten. Ereignisse können zwei Reize sein (wie bei der klassischen Konditionierung) oder eine Reaktion und ihre Folgen (wie bei der operanten Konditionierung). Sie nehmen diese wahr und bilden Erwartungen im Hinblick auf zukünftige Situationen. Menschliches Denken ist assoziativ, jede neue Information wird im Gehirn automatisch zu vorhandenen Inhalten in Beziehung gesetzt. Lernen fällt leichter, wenn neue Informationen mit persönlichen Erinnerungen, Emotionen, Bildern oder Orten verknüpft werden können.

4 **Imitations- oder Nachahmungslernen** (Lernen am Modell) stellt eine weitere bedeutsame Form des Lernens von Beginn an dar. Modelllernen bedeutet, dass Menschen durch Nachahmen (Imitation) bei anderen lernen. Was den Vorteil hat, dass sich so zahlreiche komplexere Verhaltensweisen übernehmen lassen, von denen Kinder sehen konnten, dass sie funktionieren (erfolgreich sind). Bereits Neugeborene imitieren Gesichtsausdrücke der Bezugspersonen (Zunge herausstrecken, Mund öffnen, Lippen spitzen usw.). Die prinzipielle Fähigkeit zur Imitation von Bewegung gilt als angeboren – neuronale Mechanismen ordnen den visuellen Reizen der erwachsenen Bezugsperson motorische Kommandos zu. Im Laufe der kindlichen Entwicklung können durch Modelllernen zunehmend Verhaltensmuster, Handlungen und Emotionen anderer (Modell-)Personen in das eigene Verhalten sowie Erleben integriert werden, z. B. die Beobachtung der Tischmanieren der Eltern oder Geschwister und vieles mehr.

Entscheidend ist, dass alle diese Lernmechanismen äußere Reize erfordern, wie sie in sozialen Situationen und auch im Umgang mit der physischen Welt erlebt werden. Lernerfahrungen in den ersten Lebensjahren treiben die Entwicklung stärker voran als bislang vermutet. Von maßgeblicher Bedeutung dabei ist, dass das Lernen eingebettet ist in emotional bedeutsame Beziehungen, wie Befunde der Hirnforschung zeigen (etwa Hüther, 2006). Lernen funktioniert immer dann besonders gut, wenn gleichzeitig jenes Areal im Gehirn aktiviert ist, das an der Verarbeitung von Emotionen maßgeblich beteiligt ist: das limbische System. Emotionale Sicherheit spielt vor allem für das Lernen in den ersten Lebensjahren eine entscheidende Rolle. Die Qualität des emotionalen Umfeldes und der Grad der frühkindlichen geistigen Anregung beeinflussen die späteren intellektuellen und sozio-emotionalen Fähigkeiten des Kindes (u.a. Braun, 2012).

Lernen als sozialer Prozess

Diese Erkenntnisse machen deutlich, dass Entwicklung nicht einfach die Entfaltung angeborener Fähigkeiten ist, sondern in entscheidendem Maße vom Kontext und den Beziehungen zu anderen Menschen abhängt. Lernen ist ein sozialer Prozess – der wesentliche Faktor für die Konstruktion von Wissen liegt in der sozialen Interaktion mit anderen Menschen.

Internationale Forschungsbefunde betonen, dass Bildung in den ersten Lebensjahren Kindern nur dann gerecht wird, wenn Lernen engagiert verläuft. Dazu gehört die aktive Beteiligung der Kinder am Lernprozess und die Möglichkeit, Dinge zu hinterfragen, zu reflektieren, eigene Erklärungsansätze zu entwickeln, unterschiedliche Perspektiven kennenzulernen und sich mit anderen darüber austauschen zu können.

Bedeutung des Selbstbewusstseins für das Lernen

Während der ersten Lebensjahre eignen sich Kinder nicht nur Wissen über die Welt an, sondern auch Wissen über sich selbst. Vorstellungen, Gedanken und Gefühle über sich selbst werden mit dem Begriff „Selbstbewusstsein" umschrieben. Die Entwicklung des Selbstbewusstseins zieht sich von der frühen Kindheit bis ins Erwachsenenalter. Es beinhaltet eine beschreibende und eine bewertende Komponente. In den ersten Lebensjahren ist das Selbstbewusstsein eines Kindes noch relativ variabel und erfährt durch soziale Vergleiche zunehmend mehr Stabilität. Zwischen sich und anderen unterscheiden zu können, ist eine elementare Voraussetzung für den Aufbau des Selbstbewusstseins. Im Erkennen der eigenen Wirkung auf die Umwelt kommt zum Ausdruck, dass Kinder zumindest eine rudimentäre Vorstellung des Selbst entwickelt haben. Dies ist ab einem Alter von ca. vier Monaten an den unterschiedlichen Reaktionen auf selbst- und fremdverursachte Effekte festzustellen (Siegler et al., 2016, 409f). Noch deutlicher tritt die Entwicklung des Selbstbewusstseins zutage, wenn sich Kinder um den 20. Lebensmonat herum im Spiegel erkennen (Kap. 2.6). Ein weiteres Zeichen ist das „Selbermachenwollen". Sobald Kinder eine Vorstellung von sich als Person aufgebaut haben, beginnen sie durch Selbstbeobachtungsprozesse sowie Interaktionen mit anderen, Wissen über sich zu sammeln und dieses auch zunehmend zu bewerten. So erhalten Kinder mehr und mehr implizite und explizite Rückmeldungen zu ihrem Verhalten und verinnerlichen (internalisieren) Vorstellungen, die an sie herangetragen werden. Die kindliche Selbstwahrnehmung und -bewertung ist von hoher Relevanz, da diese in Zusammenhang mit der Freude am Lernen und der Anstrengungsbereitschaft steht. Das allmählich entstehende Selbstwertgefühl strukturiert das Lernverhalten und bündelt Dispositionen des Lernens. In den Jahren vor Eintritt in die Schule besitzen Kinder ein überwiegend positives Selbstwertgefühl. Dennoch bestehen beträchtliche interindividuelle Unterschiede. Diese zeigen sich insbesondere im Neugier- und Explorationsverhalten, in der Freude, neue Dinge zu erproben, im Initiieren neuer Aktivitäten und auch im Stolz über das eigene Tun und Werk. Kinder mit einem ungünstigen Selbstwertgefühl reagieren stärker auf Stress, Frustration und Kritik. Unterschiede im Selbstwertgefühl scheinen in hohem Maß durch soziale Beziehungen geprägt und mit unterschiedlichen Erziehungsstilen verknüpft zu sein. Kinder, die eine akzeptierende, gefühlvolle und ermutigende Erziehung erleben und von den erwachsenen Bezugspersonen ernst genommen werden, scheinen ein günstigeres Selbstwertgefühl zu entwickeln.

1.3 Beziehungen als Voraussetzung für Entwicklungs- und Bildungsprozesse

Das heutige „Bild“ von kleinen Kindern rückt die vielfältigen Kompetenzen, die Babys von Geburt an mitbringen, zu Recht in den Vordergrund. Dennoch sind Kinder gerade in den ersten Lebensjahren gleichzeitig auch sehr verletzbar und von liebevoller, feinfühliger und beständiger Pflege und Versorgung durch vertraute Bezugspersonen abhängig. Neben der Befriedigung physischer Grundbedürfnisse (Hunger / Durst, körperliche Hygiene, Schutz vor Kälte / Hitze) werden von den amerikanischen Motivationsforschern Edward Deci und Richard Ryan (1985) in ihrer Selbstbestimmungstheorie (Self-Determination-Theory) drei psychische Grundbedürfnisse postuliert: (1) Soziale Eingebundenheit (affilation), (2) Kompetenz (effectancy) und (3) Autonomie (autonomy).

1 Das Grundbedürfnis nach **sozialer Eingebundenheit** ist für die Entwicklung von Selbst-Bewusstheit zu Selbstbewusstsein wichtig. Es steht für das Eingehen enger zwischenmenschlicher Beziehungen, in denen man sich selbst als liebenswert, aber gleichzeitig auch als liebesfähig erleben kann.

2 Dem Grundbedürfnis nach **Kompetenz** liegt der Wunsch nach einer effektiven Interaktion mit der Umwelt zugrunde. Es geht darum, auf die jeweils als wichtig erachteten Dinge Einfluss nehmen zu können (Selbstwirksamkeit) und dabei gewünschte Ergebnisse zu erzielen. Dies ist für die Entwicklung von Selbstbewusstsein zum Selbstkonzept wichtig.

3 Mit **Autonomie** sind Freiwilligkeit, Selbstbestimmtheit und Initiative des eigenen Handels gemeint. Die Bedürfnisse nach Kompetenz und Autonomie legen den Grundstein für das Entstehen von intrinsischer Motivation (Interesse), die ihrerseits eine wichtige Quelle für selbstgesteuertes Lernen ist. Autonomieunterstützendes Verhalten beinhaltet die Gewährung von Freiheit und Wahlmöglichkeiten im Rahmen abgestimmter erklärbarer Regeln, sodass Ziele zunehmend besser erkannt und verfolgt werden können. Damit ist Autonomie auch als Übergang zu selbstreguliertem Verhalten zu verstehen, der jedoch nicht unabhängig von der Umwelt stattfindet. Die Unterstützung von Autonomie ist ein wichtiger Punkt im Handeln von Bezugspersonen. Autonomiebestrebungen können durch übermäßige Kontrolle, Manipulation oder Strafen gehemmt werden.

Bei Erfüllung der drei Grundbedürfnisse kann das Kind sich aktiv mit seiner Umwelt auseinandersetzen, sich mit alterstypischen Entwicklungsaufgaben beschäftigen und diese bewältigen.

Wie bedeutend eine sichere Bindung zu den nächsten Bezugspersonen ist (das kann auch die Fachkraft einschließen, wenn kleine Kinder außerhalb der Familie betreut werden), hat insbesondere Ahnert (u.a. 2007, 2011) beschrieben. Stärkende Bildungsprozesse können die Entwicklung nur dann unterstützen und fördern, wenn Kinder sich sicher, geborgen und gut eingebunden fühlen (Abb. 1). Eine der wichtigsten Ressourcen für die Stärkung kindlicher Kompetenzen im sozialen und emotionalen Bereich ist daher die Qualität der Interaktion zwischen Kind und Eltern sowie weiteren Bezugspersonen (wie Geschwistern, Großeltern, pädagogischen Fachkräften in Kindertageseinrichtungen, Tagespflegepersonen usw.). Wenn diese Interaktionen beständig und vorhersehbar, von emotionaler Sicherheit und Feinfühligkeit gekennzeichnet sind, können kleine Kinder angstfrei ihre Umwelt erkunden (explorieren) und vertrauensvoll auf andere Menschen zugehen.

Abb. 1: Soziale Eingebundenheit

Frühe außerfamiliäre Bildung und Betreuung

Neben der Familie als Ort für Entwicklung und Bildung sind auch Perspektiven bedeutsam, die durch das Bildungswesen sowie seine Institutionen und ihre Normen vorgegeben sind. Kinder sind in diesem Zusammenhang auch „Krippenkinder", „Kindergartenkinder", „Vorschulkinder", „Grundschulkinder". Während das Kind zu Hause die eher ungeteilte Aufmerksamkeit seiner Bezugspersonen erfährt, lernt es in der außerfamiliären Betreuung, sich in eine Gruppe einzufügen, in der gegebenenfalls andere Regeln gelten als zu Hause. Auch kann die kognitive Anregung in der außerfamiliären Betreuung anders als in der Familie ausfallen: Andere Spielsachen stehen zur Verfügung oder es wird dort eine andere Sprache gesprochen als in der Familie. Insbesondere Kinder aus sogenannten bildungsfernen Kontexten können dabei entscheidend von qualitativ hochwertigen Kindertageseinrichtungen profitieren, da sie hier ein vielfältigeres und breiteres Anregungsniveau für neue Erfahrungen vorfinden als im eigenen Elternhaus (Keller,

Trösch & Grob, 2013). Die unterschiedlichen Bildungs- und Betreuungskontexte können sich für das Kind als komplementär (ergänzend) und bereichernd erweisen. Die Begleitung und Diskussion der Entwicklung extrafamilial betreuter Kinder sollte unter Berücksichtigung des gemeinsamen Einflusses von Familie und außerfamiliärem Betreuungsangebot erfolgen. Dies erfordert eine wertschätzende Zusammenarbeit und Kooperation zwischen den betreuenden Fachkräften und Eltern, die in der Praxis jedoch oftmals vernachlässigt wird (Ahnert, 2008, S. 383). Zu den Hauptergebnissen einer großen amerikanischen Längsschnittstudie (NICHD) zählt, dass die Eltern-Kind-Bindung nicht vom Umfang der außerfamiliären Betreuung beeinflusst wird. Prinzipiell unterscheiden sich Kinder, die in der frühen Kindheit auch außerhalb der Familie betreut wurden, nicht von Kindern, die ausschließlich in den Familien aufwuchsen. Eine außerfamiliäre Betreuung vom ersten Lebensjahr an übte nur dann einen negativen Einfluss auf die Eltern-Kind-Beziehung aus, wenn sich die Mutter wenig einfühlsam gegenüber ihrem Kind verhielt. Immer gilt es jedoch zu bedenken, dass sich die außerfamiliäre Betreuung nicht auf jedes Kind gleich auswirkt und auch die Qualität der außerfamilialen Bildung Einfluss auf die Entwicklung des Kindes nimmt (vgl. Pauen & Roos, 2013).

Fachkraft-Kind-Beziehungen zeigen im Gegensatz zu Eltern-Kind-Beziehungen eine Reihe von Besonderheiten: Im Gegensatz zur häufig eher ungeteilten mütterlichen Aufmerksamkeit muss die pädagogische Fachkraft eine Gruppe von Kindern regulieren. Im Idealfall entwickeln sich auch in diesem Rahmen der Betreuung individuelle Beziehungen zu den einzelnen Kindern. Da pädagogische Fachkräfte Erziehungsverhalten einerseits auf die gesamte Kindergruppe empathisch ausrichten, sich andererseits aber auch im richtigen Moment auf individuelle kindliche Bedürfnisse beziehen, ergibt sich die Forderung, diese Prozesse besonders gut zu verstehen und in der täglichen Arbeit umzusetzen.

Kennzeichen einer guten Fachkraft-Kind-Beziehung: Die besondere Bindung zwischen Eltern und Kindern ist nicht eins zu eins übertragbar auf die Beziehung zwischen Fachkräften und Kindern, hat aber durchaus Eigenschaften, die bindungsähnlich sind. In Anlehnung u. a. an Ahnert (2007) lässt sie sich durch mehrere Merkmale beschreiben:

1. **Emotionale Zuwendung:** Eine feinfühlige und liebevolle Kommunikation der Fachkraft mit dem Kind unterstützt den Aufbau einer guten Beziehung.

2 **Sicherheit:** Eine gute Beziehung kann sich entwickeln, wenn die Fachkraft dem Kind die Sicherheit vermittelt und in Angst oder Stress erzeugenden Situationen für das Kind verfügbar ist.

3 **Stressreduktion:** Wenn Kinder sich wehtun, negative Emotionen oder starken Stress empfinden, können Fachkräfte dem Kind dabei helfen, seine Emotionen oder seinen Stress zu regulieren und wieder „ins Gleichgewicht" zu kommen.

4 **Explorationsunterstützung:** Das Kind wird ermutigt, seine Umgebung zu erkunden, in Interaktion mit anderen Kindern zu treten, zu spielen und zu lernen.

5 **Assistenz:** Kinder unter drei Jahren brauchen bei vielen Aufgaben die Unterstützung der Fachkraft. Wichtig ist hierbei, dem Kind genügend Platz zur Entwicklung seiner Selbstständigkeit zu lassen, ihm aber bei Aufgaben, die noch zu schwierig sind, um sie alleine bewältigen zu können, auch zu helfen (gegebenenfalls auch Fördermaßnahmen einzuleiten, wenn dies erforderlich ist). Hierbei empfiehlt sich ein möglichst ko-konstruktives Vorgehen.

6 **Ko-Konstruktion:** Im Vordergrund steht die gemeinsame Erforschung von Bedeutungen, das Lernen im Rahmen sozialer Beziehungen zu Erwachsenen und anderen Kindern. Für den Erwerb von Fakten müssen Kinder vor allem beobachten, zuhören, sich etwas merken. Die Erforschung von Bedeutung dagegen meint, sich mit Erwachsenen oder anderen Kindern auszutauschen und auf diesem Weg Dingen und Ereignissen einen Sinn zu geben. Bei Kindern in den ersten Lebensjahren erfolgt dieser Austausch anfänglich nonverbal, später aber auch zunehmend verbal. Zunächst stehen sensorische Erfahrungen wie Hören, Fühlen, Schmecken, Riechen und Tasten im Vordergrund.

Der quantitative Ausbau von Krippen- und Tagespflegeplätzen, der seit der politischen Entscheidung im Jahr 2013 für einen Rechtsanspruch ab dem vollendeten ersten Lebensjahr an Dynamik gewonnen hat, ist ein politisch und gesellschaftlich kontrovers diskutiertes Thema. Nicht immer stehen dabei die Bedürfnisse junger Kinder oder die Bedarfe der Eltern im Vordergrund. Die Anzahl der Kinder, die in den ersten drei Lebensjahren in einer Kindertageseinrichtung oder Kindertagespflegestelle betreut werden, ist in den vergangenen Jahren stark gestiegen.

Deutschlandweit liegt die Betreuungsquote von Kindern bis zu drei Jahren inzwischen bei rund 35,5 % (Statistisches Bundesamt 2022a, 107). Kindertagespflege wird in den alten Bundesländern im Vergleich zur Nutzung von Kindertageseinrichtungen häufiger in Anspruch genommen als in den neuen Bundesländern. Unabhängig davon, welche Position in der öffentlichen Debatte vertreten wird, muss es aus einer wissenschaftlich-ethischen Perspektive primär darum gehen, wie bei einem Ausbau von Kinderbetreuungsplätzen die Qualität der frühen institutionellen Bildung und Betreuung gewährleistet werden kann.

„Return of investment" – die Ökonomie entdeckt die frühe Kindheit

Seit Längerem werden auch ökonomische Argumente für die Investition in Bildung genannt. Der Ökonomie-Nobelpreisträger James Heckman hat die Binsenweisheit „Was Hänschen nicht lernt, lernt Hans nimmer mehr!" in einer Langzeitstudie auf wissenschaftliche Füße gestellt und in die Sprache der Ökonomie übertragen: Investitionen in die frühkindliche Bildung bieten sehr viel höhere Renditen als Investitionen in späteren Bildungsphasen Heranwachsender. Besonders groß sind die Wirkungen bei Kindern aus benachteiligten Familien. Je früher im Leben Kinder gefördert werden, desto besser ist die Aussicht auf Erfolg und desto billiger wird es für die Gesellschaft. Umgekehrt: Je später wir uns um die Entwicklungschancen von Menschen kümmern, desto teurer wird es – und umso schwieriger oder gar aussichtsloser (Heckman & Masterov, 2007). Eine Studie der Bertelsmann Stiftung bestätigt die Ergebnisse für Deutschland: Kinder, welche die Krippe besucht haben, machen eher Abitur, vor allem Kinder aus bildungsfernen Milieus profitieren von früher Unterstützung außerhalb der Familie (Bertelsmann Stiftung, 2009).

Aufgabe von Politik und Wirtschaft ist es, beständig an der qualitativen Verbesserung der Rahmenbedingungen zur Vereinbarkeit von Familie und Beruf für Frauen und Männer zu arbeiten. Gegenwärtig wird jede zweite bis dritte Ehe geschieden. Folglich gibt es neben berufstätigen Paaren mit Kindern auch immer mehr Alleinerziehende, die Möglichkeiten benötigen, Kind und Beruf zu vereinbaren. Empirisch gut belegt ist, dass Zufriedenheit und Wohlbefinden von Familien zunehmen, wenn Mütter in den Alltagsaufgaben und der Kinderbetreuung unterstützt werden und beide Eltern durch eine Berufstätigkeit bessere Lebensperspektiven haben. Neben einer guten wirtschaftlichen Absicherung ist die Erfahrung beider Eltern, die eigenen Fähigkeiten und Kompetenzen in ganz verschiedene Lebensbereiche einbringen zu können, ein förderlicher Faktor für die Entwicklung ihrer Kinder (Ahnert, 2020).

Der Blick über die Grenze in die skandinavischen Länder (Bergold, Röhr-Sendlmeier & Müller, 2014) zeigt, dass sich Paare dann zutrauen, zwei und mehr Kinder zu bekommen, wenn die Organisation des Alltags durch zuverlässige und qualitativ hochwertige Kinderbetreuung gelingt, wenn die mütterliche Erwerbstätigkeit gesellschaftlich akzeptiert ist und wenn Mütter durch ihre Berufstätigkeit eine eigene Entwicklungsperspektive haben (Roos, 2016). Nur unter diesen Voraussetzungen können sie davon ausgehen, dass sich ihre Kinder auch fremdbetreut positiv entwickeln.

Es käme einer Überschätzung der Bedeutung des Bildungsortes Krippe oder Tagespflege gleich, wenn Familien nicht weiterhin als zentrale Erziehungs- und Bildungsorte von Kindern gelten würden. Eher unterschlagen wird in der öffentlichen Diskussion um die frühe Betreuung außerhalb der Familie auch, dass die Tagespflege oder Krippe die Familie nicht ersetzen kann und soll, sondern sie lediglich für einen begrenzten Zeitraum am Tag ergänzt. Dass die Familie nach wie vor den größten Einfluss auf die Entwicklung und Bildung von Kindern hat, wird durch zahlreiche internationale Studien (z. B. NICHD ECCRN 2001, 2002 – Überblick bei Textor, 2007), aber auch die „Nationale Untersuchung zur Bildung, Betreuung und Erziehung in der frühen Kindheit“ (NUBEK bei Tietze et al., 2013) belegt. Eine sichere Bindung ist ohne Zweifel für die gesunde Entwicklung eines jeden Kindes notwendig. Aber wie diese Bindung sich gestaltet, kann sehr unterschiedlich sein.

Bedeutung und Gestaltung von Bindung

Die feste Mutterbindung ist keineswegs universell, sondern eine Besonderheit unserer Kultur. In vielen Kulturen, aus denen zugewanderte oder gerade auch Familien mit Fluchterfahrung zu uns kommen, ist die Bindung und das Vertrauen des Kindes weniger oder gar nicht an eine bestimmte Person geknüpft, sondern vielmehr an eine Gemeinschaft, an ein ganzes soziales Netzwerk. Diesen Sachverhalt gibt auch das vielfach zitierte afrikanische Sprichwort wieder: „Es braucht ein ganzes Dorf, um ein Kind zu erziehen oder ein Kind stark zu machen“. In diesem Sinn sind Eltern zwar die wichtigsten Bezugs- und Koordinationspersonen für den Bildungs- und Betreuungsprozess eines Kindes, sie sollten dabei aber qualitativ hochwertige Unterstützung und Hilfe erhalten. So können Kinder selbstverständlich auch zu einzelnen Tagespflegepersonen oder pädagogischen Fachkräften sichere Bindungen aufbauen, was insbesondere für die Kleinsten sehr wichtig ist. Allerdings ist aus entwicklungspsychologischer Sicht gerade bei der Bildung, Erziehung und Betreuung von Kindern unter drei Jahren auf höchste Qualität zu achten, weil in den ersten Lebensmonaten und Jahren die Grundlagen für die weitere Entwicklungsschritte gelegt werden und Säuglinge und Kleinkinder für die Befriedigung ihrer physischen und psychischen Bedürfnisse völlig von ihrer sozialen Umwelt abhängig sind.

Beziehung zu anderen Kindern und Gleichaltrigen

Schon im Alter von null bis drei Jahren spielt auch die Beziehung zu anderen Kindern eine Rolle. Kinder lernen besonders gern von anderen Kindern. Darin steckt ein hohes Bildungspotenzial. Gleichaltrige bieten die Möglichkeit, eigene Überlegungen altersgemäß mitzuteilen. Erfahrungen werden auf ko-konstruktive Art und Weise mit anderen geteilt und ausgetauscht. Die Forschung zu den sozialen Kompetenzen sehr junger Kinder zeigt, dass diese einander bereits im ersten Lebensjahr als Ziele ihrer sozialen Signale wahrnehmen. Im letzten Viertel des ersten Lebensjahres können erste Interaktionen beobachtet werden, u.a. der Austausch von Spielobjekten, gegenseitige Nachahmung und erste einfache Spiele (wie einen Ball hin und her zu rollen). Gleichzeitig beginnen die Kleinkinder, um Spielzeug zu streiten, auch aggressives Verhalten tritt nun auf.

Das zweite Lebensjahr ist eine Periode, in der sich im Verhalten gegenüber Gleichaltrigen rasche Veränderungen vollziehen. Der wechselseitige Austausch wird häufiger und komplexer (Kap. 2.6). Eine zentrale Rolle spielen dabei die Imitation bzw. Nachahmung des Verhaltens anderer Kinder sowie das Anbieten bzw. Überreichen eines Spielobjekts als Kontaktstrategien. Auch sind Kinder unter bestimmten Umständen bereits in der Lage zu kooperieren – sowohl um Probleme zu lösen als auch beim Spielen. Bereits Zweijährige erproben soziale Regeln in der Gruppe, handeln sie mit anderen aus und ko-konstruieren in der Interaktion mit Gleichaltrigen ein rudimentäres Verständnis von Gerechtigkeit oder Freundschaft (Abb. 2).

Abb. 2: Beziehung zu anderen Kindern

1.4 Die Bedeutung des kulturellen Kontextes

Im deutschen Sprachraum werden insbesondere von der Entwicklungspsychologin Heidi Keller (z. B. 2007, 2011) verschiedene Entwicklungspfade beschrieben, die kulturabhängig durch jeweils sehr unterschiedliche Entwicklungs- und Erziehungsvorstellungen sowie elterliche Verhaltensweisen gekennzeichnet sind. Spezifische Entwicklungspfade entstehen durch die Anpassung an die kulturellen bzw. gesellschaftlichen Rahmenbedingungen, in denen Kinder aufwachsen und ihre Familien leben. Für Keller ist entscheidend, dass es keinen einzelnen kulturellen Entwicklungspfad gibt, der per se besser oder schlechter als ein anderer ist. Vielmehr werden Kinder in jeder Kultur auf das konkrete Umfeld, in dem sie leben, vorbereitet. Da sich Kulturen diesbezüglich unterscheiden, variieren auch die Entwicklungsverläufe.

Menschen, die in ähnlichen Lebensumständen aufwachsen, haben auch ähnliche Vorstellungen vom Leben und teilen bestimmte Haltungen, Werte und Normen. Als besonders relevant haben sich beispielsweise Kontextvariationen in Bezug auf *die Familienkonstellation* (Kern- oder Großfamilie), die *ökonomische Struktur der Gesellschaft und das Ausmaß formeller Schulbildung* erwiesen. Entsprechend der jeweiligen Kontextbedingungen und damit einhergehender Erziehungsvorstellungen lassen sich Unterschiede zwischen Kulturen nachweisen, die sich auf die kindliche Entwicklung auswirken. Keller liefert zahlreiche Beispiele entsprechender Art.

Viele Menschen sind in ihrem beruflichen Alltag, aber auch privat mit kulturellen Unterschieden befasst. Die politisch korrekte Beschreibung dieser Unterschiede (Heterogenität) hat viele Namen: Multikulturalität, Interkulturalität, Diversität, Inklusion. Wobei Inklusion sehr weitreichend von Verschiedenheit als Selbstverständlichkeit ausgeht (Keller, 2011). Keller betont, dass Unterschiedlichkeit Gleichwertigkeit bedeuten muss. Auf Bildungskontexte trifft das besonders zu.

Der kulturelle Kontext hat bei der Beschreibung und Einordnung kindlicher Entwicklungsverläufe einen nicht zu vernachlässigenden Einfluss. Bei der Begleitung von Kindern ist entscheidend, systematisch eine kultursensitive Perspektive einzunehmen (Borke et al., 2019), wenn man das Entwicklungspotenzial aller Kinder optimal unterstützen oder fördern möchte. Folglich sollte eine hohe Varianz darin, wie und wann eine Entwicklungsaufgabe bewältigt wird, als normal angesehen werden. Das Spektrum von „normaler“ Entwicklung ist breit. Folglich ist die Einschätzung des Entwicklungsstandes von Kindern keine einfache Aufgabe. Wann ist ein auf den ersten Blick vermeintlich auffälliger oder abweichender Entwicklungsverlauf unter Berücksichtigung der kindlichen Anlagen, der Umweltbedingungen und des kulturellen Kontextes tatsächlich problematisch? Ab wann kann man gar von einer Entwicklungsverzögerung sprechen und wann wird eine gezielte Förderung notwendig? Bei solchen Fragen können Gespräche mit den Eltern unter einer kultursensitiven Perspektive über ihre individuellen Vorstellungen von Erziehung und Entwicklung eine Grundlage für die weitere Einordnung und Entscheidungen bilden. Mehr dazu im letzten Kapitel (Kap. 3) des Buches.

Ahnert, L. (2008). Entwicklung in kombinierter familiärer und außerfamiliärer Kleinkind- und Vorschulbetreuung. In M. Hasselhorn & W. Schneider (Hrsg.). Handbuch der Psychologie. Bd. 7 Handbuch der Entwicklungspsychologie (S. 373–408). Göttingen: Hogrefe.

Ahnert, L. (2020). Wieviel Mutter braucht ein Kind? Über Bindung, Bildung und Betreuung in den ersten Lebensjahren. Weinheim / Basel: Julius Beltz.

Borke, B., Lamm, B. & Schröder, L. (2019). Kultursensitive Entwicklungspsychologie (0–6 Jahre). Grundlagen und Praxis für pädagogische Arbeitsfelder. Göttingen: Vandenhoeck Ruprecht.

Keller, H. (2011). Kinderalltag. Heidelberg: Springer.

Pauen, S. & Roos, J. (2013). Wie viel Krippe braucht das Kind? Psychologische Rundschau, 64 (4), 247–250.

Tietze, W., Becker-Stoll, F., Bensel, J., Eckardt, A. G., Haug-Schnabel, G., Keller, H. & Leyendecker, B. (Hrsg.). (2013). NUBEK. Nationale Untersuchung zur Bildung, Betreuung und Erziehung in der frühen Kindheit. Weimar/Berlin: Verlag das Netz.

1. Beschreiben Sie die vier universellen Lernmechanismen, über die Kinder von Geburt an verfügen, in ihren Grundzügen.

2. Welche Bedeutung hat die Entwicklung des Selbstbewusstseins für das Lernen?

3. Skizzieren Sie die Bedeutung des kulturellen Kontextes und damit verbundene Implikationen im Hinblick auf die Entwicklungsverläufe von Kindern.

2 Entwicklung in verschiedenen Funktionsbereichen

Das letzte Kapitel hat Entwicklungsprozesse und Lernmechanismen im frühen Kindesalter beleuchtet. Es wurde beschrieben, dass Kinder in den ersten Lebensjahren enorme Entwicklungsfortschritte vollziehen. Bereits Säuglinge sind mit basalen Fähigkeiten und Fertigkeiten ausgestattet, mit denen sie von Anfang an aus Erfahrungen lernen können. Eingebettet in ein soziales Umfeld eignen sich Kinder früh einen enorm großen Wissensschatz an und erweitern stetig ihre Handlungsmöglichkeiten. Es wäre jedoch irreführend, diese beträchtlichen Fortschritte als Ausdruck eines quasi grenzenlosen Lern- und Bildungspotenzials in der frühen Kindheit zu interpretieren. Vielmehr findet Entwicklung stets unter ganz bestimmten Rahmenbedingungen statt und hat damit klare Grenzen biologischer, kontextueller und altersspezifischer Art. Wenn heute vom „kompetenten Säugling“ oder vom „großen frühkindlichen Lernpotenzial“ die Rede ist, dann macht dies einerseits deutlich, dass kleine Kinder nicht länger als inkompetente, passive Wesen verstanden werden. Gleichzeitig verhindert der mitunter sehr pauschale Gebrauch solcher Aussagen eine differenzierte Erfassung der tatsächlich gegebenen Lernvoraussetzungen des Kindes. Im Hinblick auf die Gestaltung frühkindlicher Bildungsprozesse ist es sehr wichtig zu wissen, was genau man von Kindern eines bestimmten Alters erwarten kann und was nicht. Die folgenden Kapitel sollen dazu entsprechendes Wissen vermitteln.

2.1 Körper und Motorik

In den ersten Lebensjahren verändern sich Körper und Motorik von Kindern auf dramatische Weise. Zunächst geht es darum, einen stabilen biologischen Rhythmus zu finden: Der Schlaf wird zunehmend gebündelt, die Nahrungsaufnahme passt sich dem wachsenden Kalorienbedarf an und das Kind gewinnt mithilfe erwachsener Bezugspersonen allmählich Kontrolle über seine Ausscheidungen. Parallel dazu wird der Babyspeck ab- und die Muskulatur aufgebaut. Rumpf und Gliedmaßen strecken sich – das Kind lernt zu sitzen, zu stehen, zu laufen, Treppenstufen zu überwinden, zu rennen und zu klettern. Durch eine verbesserte Feinmotorik wird es fähig, gezielt mit Objekten umzugehen. Aus einem Säugling, der zunächst nicht einmal in der Lage ist, sich vom Rücken auf den Bauch zu drehen, wird innerhalb von nur drei Jahren ein mobiles und motorisch aktives Kleinkind.

2.1.1 Körperwachstum

Kopfgröße

Obwohl Menschen mit neun Monaten Schwangerschaft eine vergleichsweise lange Tragzeit aufweisen, kommen sie unreif auf die Welt. Ein Grund dafür ist ihr großer Kopf, der im Bauch der Mutter nur so weit wachsen darf, dass er später noch durch den Geburtskanal passt. Zu diesem Zweck hat die Natur den Menschen mit Schädelknochen ausgestattet, die Lücken (Fontanellen) aufweisen und sich unter der Geburt vorübergehend zusammenschieben.

Fontanelle: Noch nicht durch Knorpel oder knöcherne Strukturen umfasster Bereich des Schädels von Neugeborenen.

Die Kopfgröße wird in den ersten Lebensjahren regelmäßig vom Kinderarzt bzw. der Kinderärztin gemessen, um zu überprüfen, ob das Gehirnwachstum normal erfolgt (Abb. 3). Gegen Ende des zweiten Lebensjahres haben sich die Fontanellen geschlossen und der Kopfumfang wächst von nun an deutlich langsamer.

Gehirnreifung

Das postnatale Kopfwachstum ist auf die zunehmende Ausdehnung des Gehirns zurückzuführen, dessen Volumen sich in der frühen Kindheit verdreifacht. Menschliche Gehirne zeichnen sich durch ein hohes Maß an

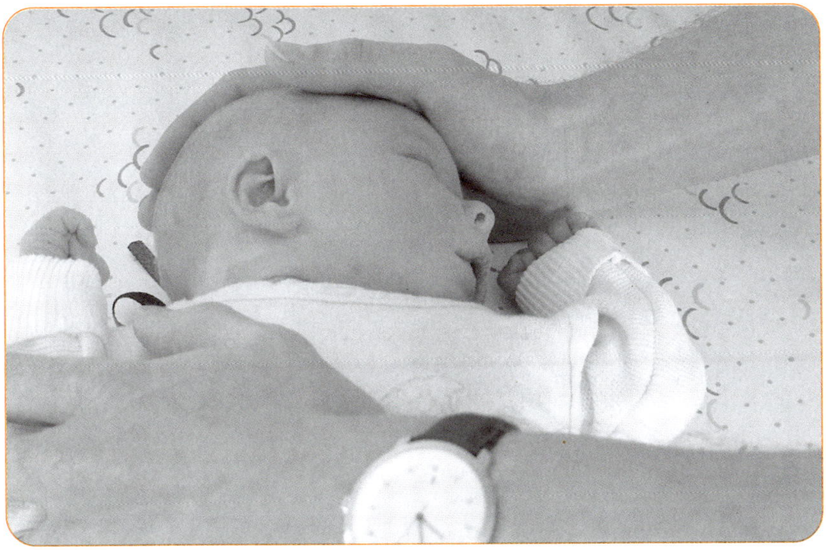

Abb. 3: Kopfgröße eines Kleinkindes

Entwicklungs- und Veränderungspotenzial aus (Plastizität). Zwar steht die Anzahl der Gehirn- bzw. Nervenzellen bereits bei der Geburt weitgehend fest, aber die meisten Zellen sind noch unreif. Ihre Fortsätze (Axone, Dendriten) verlängern sich und werden mit einer Fettschicht (Myelin) überzogen, damit die Signalübertragung schneller erfolgen kann. Zudem müssen sich die Verbindungen zwischen den Zellen erst noch unter dem Einfluss von Informationen über die konkrete Umwelt entwickeln. Über die Synapsen erfolgt der Signalaustausch zwischen den einzelnen Zellen. Durch ihren Ausbau wird eine komplexe Netzwerkstruktur erreicht, die Lern- und Anpassungsleistungen ermöglicht.

Diese Prozesse folgen einem vorab festgelegten Plan, der eine optimale Abstimmung zwischen den körperlichen Reifungsvorgängen und den Erfahrungen mit der Umwelt erlaubt. Primäre sensorische Areale, die ersten Stationen der Verarbeitung von Sinnesinformationen im Gehirn, reifen als erstes. Der evolutionär jüngste Teil unseres Gehirns – der präfrontale Kortex – benötigt insgesamt die längste Zeit für seine Entwicklung. Er gilt als Sitz der Persönlichkeit jedes Menschen, aber auch als Steuerungszentrale für bewusstes Handeln.

Es ist überaus wichtig, sich klarzumachen, dass Reifungsprozesse im Gehirn Lernprozesse beeinflussen. Deshalb ist es auch kein Zufall, dass viele höhere geistige Leistungen erst nach der Pubertät möglich sind. Gleichzeitig gilt es zu bedenken, dass umgekehrt Lernprozesse in der frühen Kindheit die Entwicklung des Gehirns entscheidend prägen. So wird das Gehirn von Kindern, die im Säuglingsalter vernachlässigt wurden, anders reifen als das Gehirn eines Kindes, das liebevoll umsorgt wurde. Grund genug, sich genauer damit zu beschäftigen, wie Erfahrungen (Lernen) die Gehirnentwicklung prägen:

Lernen auf neurophysiologischer Ebene ist vereinfacht ausgedrückt die Entwicklung und Ausdifferenzierung häufig benutzter Verbindungen von Nervenzellen und die Verkümmerung jener Verbindungen, die nicht oder kaum benutzt werden – ganz nach dem Prinzip „Use it or loose it". Die Verdichtung neuronaler Netzwerke erreicht für unterschiedliche Bereiche zu unterschiedlichen Zeitpunkten ihren Höhepunkt. Insgesamt ist das Netzwerk niemals dichter als in den ersten fünf bis sechs Lebensjahren. Danach werden die bestehenden Verbindungen wieder ausgedünnt bzw. ausgejätet (neuronal pruning). Nur häufig aktivierte Verbindungen bleiben bestehen.

neuronale Netzwerke

Die gleichzeitige Aktivierung verschiedener Nervenzellen führt zu bleibenden Strukturveränderungen auf Synapsenebene. Das Kind braucht zum Beispiel neben feinfühligen Bezugspersonen die parallele Ansprache verschiedener Sinne und die Möglichkeit, selbstwirksam handeln zu können. Nur dann wird sich sein Gehirn optimal entwickeln.

Längenwachstum

Macht der Kopf bei der Geburt noch ca. ein Viertel der Gesamtlänge des Neugeborenen aus, so verringert sich dieser Anteil nachfolgend mit jedem Jahr. Das liegt vor allem daran, dass sich zunächst der Rumpf, dann auch die Arme und Beine und schließlich die Finger und Zehen strecken.

Gewichtszunahme

Mit der Körpergröße ist auch eine Gewichtszunahme verbunden. Im ersten Lebensjahr liegt der Mittelwert für termingeborene Kinder bei 3,2 kg, mit einem Jahr bei 9,3 kg. Das entspricht einer Steigerung von knapp 300 %. Mit zwei Jahren wiegen Kinder im Durchschnitt 12,2 kg (Steigerung: ca. 30 %) und mit drei Jahren 14,5 kg (Steigerung: ca. 20 %). Man erkennt an diesen Werten, dass der Zuwachs mit dem Alter immer geringer wird.

Babyspeck

Im ersten halben Jahr legen Säuglinge vor allem Speck zu. Der hilft ihnen, den Körper gegen Kälte zu isolieren, weil die Temperaturregelung in diesem Alter noch nicht gut funktioniert und sehr junge Kinder weder richtig schwitzen noch Gänsehaut bilden können.

Eine weitere wichtige Funktion des Babyspecks ist die eines Energiespeichers. Da das Kind noch sehr klein ist, kann jede Krankheit (vor allem ein Magen-Darm-Infekt) sein Gewicht rasch auf ein kritisches Niveau senken. Außerdem erfordert das schnelle Wachstum in dieser Phase vermehrt Energie, sodass es Sinn ergibt, Vorräte anzulegen.

Sobald das Kind mobiler wird, steigt der Muskelaufbau und das Fettgewebe wird allmählich wieder reduziert. Dennoch gilt auch jetzt, dass gewisse Fettreserven nützlich sind, um den Organismus zu stabilisieren. Oft kann man beobachten, dass Kinder vor einem Wachstumsschub Heißhungerattacken zeigen und einen Vorrat anlegen, von dem sie in der nachfolgenden Wachstumsphase zehren.

Muskelaufbau

2.1.2 Ernährung, Verdauung, Schlaf

Nahrungsaufnahme

Bei der Nahrungsaufnahme geht es zunächst darum, sich von vielen kleinen Portionen nach und nach auf wenige größere Mahlzeiten umzustellen (Abb. 4). Die Konsistenz der Muttermilch verändert sich in den ersten Lebensmonaten und passt sich dabei optimal den Bedürfnissen des Säuglings an. Die Vormilch enthält vor allem Eiweiß, Vitamine, Mineralien und Abwehrstoffe und wirkt leicht abführend. Mit der Zeit steigt der Fettanteil der Muttermilch und sie wird süßer, um dem gesteigerten Kalorienbedarf des rasch wachsenden Kindes gerecht zu werden. Das Stillen gilt als optimale Ernährungsform für Säuglinge im ersten Lebensjahr. Aber auch die im Handel erhältlichen Babymilchprodukte sind nach ernährungswissenschaftlichen Erkenntnissen für jedes Lebensalter passend zusammengesetzt.

Zahnen

Zwischen dem dritten und zwölften Monat beginnt bei den meisten Babys das Zahnen. Nun ist die mütterliche Brust nicht mehr vor kindlichen Bissen sicher, denn das Kind sucht nach Gelegenheiten zum Kauen. Die Nahrung darf erste Bröckchen enthalten. Ab dem zweiten Lebensjahr kann

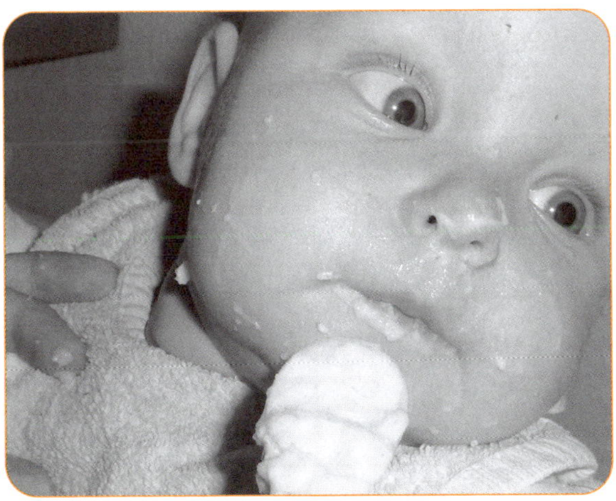

Abb. 4: Kleinkind wird gefüttert

das Kind allmählich an die Erwachsenenkost gewöhnt werden, wobei besonders fett-, salz- oder/und zuckerhaltige Lebensmittel in der frühen Kindheit generell sparsam verabreicht werden sollten, um der Ausbildung falscher Ernährungsgewohnheiten keinen Vorschub zu leisten.

Es ist wichtig, Kinder nie zum Essen zu „zwingen“ und sich stets darum zu bemühen, die Nahrungsaufnahme zu einem angenehmen Erlebnis zu machen. Bei älteren Säuglingen und Kleinkindern sollte man zudem darauf achten, dass nicht zu viele Ablenkungen vorliegen. Die Gesellschaft anderer Personen beim Essen wirkt sich in der Regel Appetit anregend aus. Sobald das Kind in der Lage ist, selbst einen Löffel oder einen Becher stabil zu halten, sollte ihm die Gelegenheit gegeben werden, sich selbstständig mit Nahrung und Flüssigkeit zu versorgen. Das fördert nicht nur die Feinmotorik, sondern auch das Autonomiegefühl.

Ausscheidungen

Mit der Nahrung verändert sich die Art und Häufigkeit von Ausscheidungen: Während das Neugeborene in den ersten Tagen häufig sogenannten „Pechstuhl“ (verdautes Fruchtwasser) von sich gibt, wird der Stuhlgang schon bald heller von der Muttermilch, die das Kind zu sich nimmt. Sobald andere Nahrung zugefüttert wird, ähnelt die Zusammensetzung der Ausscheidungen dem Kot älterer Kinder. Eine zu feste Konsistenz gibt Hinweise auf Flüssigkeitsmangel und Verstopfung. Generell entleert sich ein junger Säugling mehrmals täglich (und nachts), während das Kleinkind dazu übergeht, seine Ausscheidungen an die Zeit nach der Nahrungsaufnahme zu koppeln.

Ausscheidungen kontrollieren

Es wird bis heute viel darüber gestritten, ab wann ein Kind seine Ausscheidungen gezielt kontrollieren kann, ob man zur Gewöhnung ein Topf- oder Toilettentraining absolvieren soll, die Windel im Sommer tagsüber weglässt oder das Kind gezielt belohnt, wenn die Hose sauber geblieben ist. Wie immer man zu diesen Fragen stehen mag – in jedem Fall ist es hilfreich, das Kind mit der Toilettennutzung unmittelbar nach größeren Mahlzeiten vertraut zu machen, weil dann auch die größte Wahrscheinlichkeit besteht, dass „etwas dabei herauskommt“. Weiterhin ist jeder Zwang oder Druck kontraproduktiv, da durch ihn ungünstige Interaktionsmuster entstehen, die sich nur schwer beheben lassen.

Selbst wenn ein Kleinkind hoch motiviert ist, ohne Windel auszukommen, bemerkt es sein Bedürfnis, auf die Toilette zu gehen, meist erst kurz bevor es schon zu spät ist. Das ist keine böse Absicht, sondern hängt damit zusammen, dass die Körperwahrnehmung und Aufmerksamkeit von Kleinkindern noch nicht voll entwickelt ist. Wann immer möglich sollte man als Erwachsener daher sofort reagieren, wenn das Kind darum bittet, es zur Toilette zu begleiten. Jeder Erfolg, es rechtzeitig geschafft zu haben, wird das Kind zusätzlich anspornen, seine Kontrolle über die Ausscheidung auszubauen.

Schlaf

Das Schlafverhalten des Menschen wird durch sein Stammhirn gesteuert. Während das Neugeborene durchschnittlich 16 Stunden Schlaf täglich benötigt (Abb. 5), sind es beim Dreijährigen nur noch 12 Stunden. Deutlich verändert sich auch die Schlafqualität und die Verteilung der Schlafphasen: Zunächst wechseln sich Wach- und Schlafzustände in vielen kurzen Phasen ab, wobei 50 % des Schlafes im sogenannten REM-Schlaf verbracht werden.

Unter **REM-Schlaf** versteht man eine besondere Schlafphase, von der vermutet wird, dass sie für das Lernen, die Informationsverarbeitung, Triebsteuerung und Stressbewältigung besonders wichtig ist.

Schon bald lernt das Kind, nachts durchzuschlafen und tagsüber weitgehend wach zu bleiben. Seine Schlafphasen ähneln ab dem 6. Lebensmonat

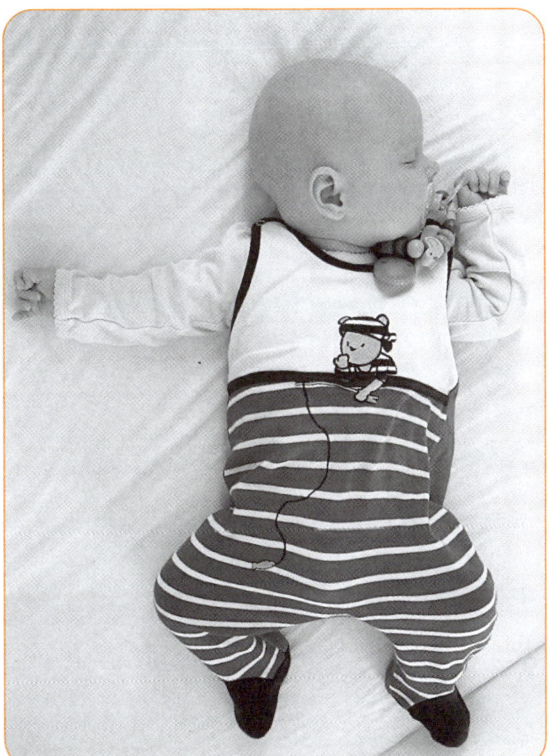

Abb. 5: Kleinkind beim Mittagsschlaf

denen von Erwachsenen. Der REM-Schlaf beträgt nun nur noch 25 % des Gesamtschlafes. Ab dem zweiten oder dritten Lebensjahr braucht das Kind in aller Regel nur noch ein kleines Mittagsschläfchen zusätzlich, um ausgeruht durch den Tag zu kommen.

Schlafverhalten

Eine besondere Herausforderung für Erwachsene liegt darin, einerseits dem individuellen Schlafbedürfnis des Kindes gerecht zu werden und ihm andererseits durch Vorgaben zu helfen, einen stabilen Rhythmus zu finden. Folgende Verhaltensweisen können dabei helfen, das Schlafverhalten von Kindern zu fördern:

1. Sich informieren, wann das Kind zuletzt geschlafen und gegessen hat (wie lange, wie viel). Nur ein sattes und müdes Kind schläft gut.
2. Anzeichen von Müdigkeit (Augen reiben, blinzeln, fahrige Bewegungen, Abwendung von Reizen) sensibel wahrnehmen und darauf reagieren.
3. Wenn das Kind müde scheint: einen ruhigen Bereich aufsuchen und abwarten, ob es sich wieder erholt oder wirklich schlafen muss.
4. Wenn das Kind noch wach scheint, obwohl es eigentlich müde sein müsste: bettfertig machen, ruhige Aktivitäten einleiten (z. B. Musik, Vorlesen) und auf einen passenden Moment warten, um es hinzulegen. Das gilt vor allem abends.
5. Wenn das Kind bereit ist zu schlafen: Zu-Bett-geh-Ritual (z. B. Ausziehen am gleichen Ort, ins Bad gehen, Zähneputzen, ins Bett gehen mit Kuscheltier, Lied / Spieluhr, Geschichte, Schlaflampe, Schnuller etc.) starten.
6. Darauf achten, dass das Kind in der Einschlafphase nicht gestört wird.
7. Sehr junge Säuglinge am besten in einem Schlafsack auf den Rücken legen, um sicherzustellen, dass ihre Atemwege stets frei sind und sie nicht im Schlaf ersticken können.

biologischen Rhythmus entwickeln

Soll ein Kind darin unterstützt werden, einen stabilen biologischen Rhythmus zu entwickeln, dann muss zunächst sichergestellt sein, dass es nach dem Aufwachen etwas Interessantes erlebt. Aktivität macht hungrig und wer hungrig ist, nimmt ausreichend Nahrung zu sich. Nach großen Mahlzeiten wird sich das Kind normalerweise automatisch kurze Zeit später erleichtern, dann kann es gewickelt werden und wieder gut schlafen. In der Praxis lässt sich dieser ideale Ablauf allerdings nicht immer verwirklichen. Und selbst wenn es gelingt, optimale Rahmenbedingungen zu schaffen, spielt nicht jedes Kind gleich gut mit. Ob Impfung, Infekt oder Zahnen, Blähungen, Lärm oder Aufregung – stets gibt es Einflüsse, die den geplanten Ablauf stören können.

Dennoch gilt: Ein stabiler biologischer Rhythmus ist für die Entwicklung des Kindes förderlich und vereinfacht die Alltagsgestaltung enorm. Schon wenige Monate alte Säuglinge können einen solchen Rhythmus entwickeln; sie brauchen dafür Erwachsene, die sich bemühen, das Kind in seinen Bedürfnissen aufmerksam wahrzunehmen und ihm durch Rituale (aber ohne Zwang!) das Gefühl von Regelhaftigkeit im Alltag zu vermitteln.

Mit älteren Kleinkindern ist es oft besonders schwer, diese Prinzipien zu berücksichtigen. Sie lernen gerade, sich von der Ko-Regulation durch Erwachsene zu lösen und nach eigenen Plänen zu handeln. Da braucht es mitunter Überredungskunst, um sie zur rechten Zeit an den Essenstisch zu holen, zu wickeln bzw. zur Toilette zu führen oder ins Bett zu locken. Wer sich diese Mühe trotzdem macht, ohne die Geduld zu verlieren oder zu schimpfen, tut dem Kind und sich selbst langfristig einen großen Gefallen, weil das Kind auf diese Weise am ehesten lernt, seine Körperfunktionen selbstständig zu regulieren.

2.1.3 Grobmotorik

Rollbewegungen

Neugeborene können sich noch nicht absichtsvoll von der Stelle bewegen. Sie liegen in der Regel so, wie man sie bettet: entweder auf dem Rücken, auf dem Bauch oder in stabiler Seitenlage. Dieser Zustand währt jedoch nicht allzu lange.

Legt man das Kind auf den Bauch, so lernt es schon bald, seine Arme auf der Unterlage abzustützen und das schwere Köpfchen etwas anzuheben. Durch Einknicken eines Armes und leichte Seitwärtsverlagerung des Kopfes verschiebt sich der Körperschwerpunkt und das Kind rollt über die Seite auf den Rücken. Schwieriger ist es, sich vom Rücken wieder auf den Bauch zu drehen. Dafür spannen die Kleinen ihre Bauchmuskeln an, führen die Beine leicht nach oben, drehen die Hüfte etwas zur Seite und strecken sich dann wieder ruckartig, um auf diese Weise Schwung für die Rollbewegung zu holen. Erst wenn der Unterkörper schon in der Drehung ist, gelingt es, über die Schulter auf den Bauch zu rollen.

sich aufrecht halten und drehen

Wenn das Kind zum Rollen in der Lage ist, verfügt es bereits über eine recht gute Kontrolle der Nacken-, Rücken- und Bauchmuskulatur. Diese erleichtert es ihm auch, sich in aufrechter Position nach Dingen umzudrehen und sie mit dem Blick zu verfolgen (Abb. 6).

vorwärts auf allen Vieren

Weiterhin lernt das Kind, sich beim Aufstützen mit den Armen nach hinten zu schieben. Hebt es dabei gleichzeitig den Po an, findet es sich plötzlich im Vierfüßlerstand wieder – einer optimalen Ausgangsposition zum Krabbeln. Oft geht dem Krabbeln eine Phase voraus, in der die Kinder im Kniestand vor und zurück wippen. Sie möchten gerne vorwärts, können Arme und Beine aber noch nicht richtig koordinieren. Zuerst muss der eine Arm „einen Schritt" machen, dann das gegenüberliegende Bein, dann der zweite Arm und dann das zweite Bein. Diese Abfolge ist alles andere als selbstverständlich. Manche Kinder lernen nie zu krabbeln und entwickeln dafür andere Formen, sich am Boden fortzubewegen (z. B. Robben oder auf dem Po rutschen). Auch wenn Expert:innen behaupten, dass das Krabbeln für die Verschaltung beider Hirnhälften notwendig sei, lernen auch Kinder, die nicht krabbeln und alternativ auf dem Po rutschen oder sich rollend fortbewegen, die Über-Kreuz-Koordination der Extremitäten – nur eben bei anderen motorischen Aktivitäten.

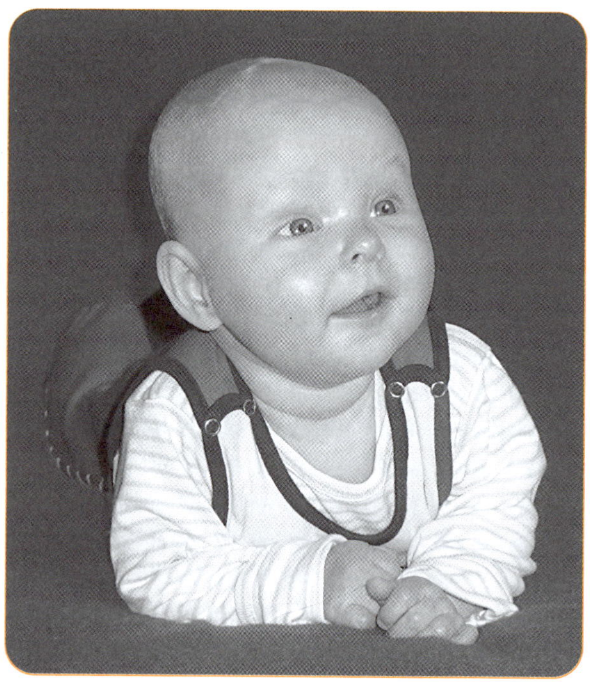

Abb. 6: Sich aufrecht halten

freies Sitzen

Das Sitzen gelingt den meisten Kindern ab ca. sieben Monaten. Nun ist der Rücken stark genug, den Körper aufrecht zu halten und die Nackenmuskulatur kann den Kopf stabil auf dem Hals balancieren. Die Beine positioniert jedes Kind beim Sitzen etwas anders: entweder v-förmig nach außen gestreckt, beide Beine gerade nach vorne ausgerichtet oder angewinkelt. Viele Kinder, die schon krabbeln können, wissen bereits, wie man aus dem Vierfüßlerstand in eine Sitzposition kommt (und umgekehrt). Nun können sie sich auf interessante Gegenstände zubewegen und anschließend hinsetzen, um die Hände frei zu haben. Ganz allgemein hat das Sitzen für Kinder den enormen Vorteil, dass sie eine größere Übersicht erlangen und Gegenstände mit beiden Händen gleichzeitig explorieren können, weil keine Hand zum Abstützen benötigt wird.

Hochziehen

Trotz des Etappensieges gibt sich das Kind mit dieser Möglichkeit noch lange nicht zufrieden. Weil sich attraktive Dinge oft weiter oben (z. B. auf dem Tisch) befinden, muss das Kind üben zu stehen. Häufigste Ausgangsposition dafür ist der Vierfüßlerstand. Von hier aus greift eine Hand nach oben, dann die zweite, damit sich das Kind z. B. am Tischbein in eine aufrecht kniende Haltung ziehen kann. Nun wird zunächst ein und anschließend das zweite Bein aufgestellt, während sich das Kind weiter mit den Armen nach oben zieht. Sind die Beine einmal gestreckt, schaut der Kopf endlich über die Kante. Das Kind genießt die neue Aussicht und wippt mit den Knien, um seine Balance und seine Beinmuskulatur zu üben. Lässt es wieder los, so landet es im Allgemeinen weich auf dem Po in einer sitzenden Haltung.

an Möbeln entlanggehen

Von der stehenden Position ausgehend kann das Kind aber auch lernen, sich entlang von Möbeln oder anderen Vorsprüngen bzw. Kanten nach rechts oder links weiterzubewegen. Die Hände gewährleisten dabei sicheren Halt, wenn sich ein Bein vom Boden löst, um einen Schritt zur Seite zu machen und anschließend das zweite Bein nachzuziehen. Die damit einhergehende seitliche Verlagerung des Körperschwerpunktes ist eine wichtige Vorübung für das spätere freie Laufen.

freies Laufen

Schon Neugeborene zeigen den sogenannten „Schreitreflex“, wenn man sie an beiden Händen aufrecht hält und leicht vornüber beugt. Erst wird ein Bein angehoben und nach vorne gebracht. Sobald es wieder die Oberfläche berührt, wird das zweite Bein in gleicher Weise bewegt.

Seine ersten freien Schritte wagt das Kind in der Regel aus einer Position heraus, in der es sich nur noch mit einer Hand irgendwo festhalten muss. Nach einigem Knie-Wackeln lässt es los und wankt schließlich unsicher ein paar Schritte vorwärts, bevor es sich wieder rückwärts auf den Po plumpsen lässt oder sich an einem neuen Ort festhält.

Alternativ halten Erwachsene das Kind zunächst an der Hüfte oder an einer Hand. Von hier aus lehnt es sich leicht nach vorn und wackelt schließlich los (Abb. 7).

Stufen überwinden

Etwa im gleichen Zeitraum wie das freie Gehen entwickelt sich die Fähigkeit, Absätze und Treppenstufen auf allen Vieren zu überwinden. Für das Krabbelkind handelt es sich dabei um eine vertikale Form des bereits geübten Bewegungsmusters. Manche Kinder „stehen" aber nicht auf den Knien, sondern auf den Füßen. Mit gestrecktem Bein vornüber gebeugt eine Stufe nach oben zu gehen, ist recht umständlich und verlangt vom Kind, dass es die Beine seitwärts wegstreckt, um die Höhenstufe zu überwinden.

Will das Kind einen Absatz oder eine Treppe nach unten gehen, steht es vor noch größeren Herausforderungen. Am Absatz angelangt muss es sich zunächst umdrehen und rückwärts mit den Beinen oder Knien voran gehen. Das kann leicht schiefgehen. Manche Kinder bevorzugen es

Abb. 7: Kleinkind läuft an der Hand eines Erwachsenen

daher, nach vorne gerichtet auf einer Treppenstufe zu sitzen und sich dann auf dem Po sitzend von Stufe zu Stufe nach unten gleiten zu lassen. Auch das ist nicht ganz ungefährlich. So kommt man leicht ins Rutschen, wenn man es zu eilig hat. Schon bald wird das Kind aus diesen Gründen dazu übergehen, beim Treppensteigen zu stehen und sich mit einer Hand an der Wand oder am Geländer festzuhalten. Solange diese Bewegungsabläufe noch wenig geübt sind, sollte sich eine Bezugsperson in der Nähe aufhalten, die dafür sorgt, dass das Kind weder umkippt, noch ausrutscht oder die Balance verliert.

Laufen und Rennen

Hat das Kind gerade erst begonnen zu laufen, gleicht sein Gang zunächst dem eines Pinguins – es „wackelt" von einer Seite auf die andere und streckt die Arme aus, um besser die Balance zu halten. Schon bald aber werden die Abläufe in den einzelnen Körperteilen routinierter und die Bewegungen sind dann besser aufeinander abgestimmt. Nun schwingen die Arme beim Laufen gegenläufig mit, die Knie sind während des Gehens weniger steif und die Dynamik des gesamten Bewegungsapparates erscheint flüssiger. Läuft das Kind etwas zu schnell, kann es über seine eigenen Füße stolpern und dann auf die Knie oder auf die Nase fallen. Das gilt ganz besonders, wenn es noch nicht lange Schuhe trägt.

Klettern

Das Klettern kombiniert verschiedene der zuvor erwähnten Teilfähigkeiten. Will das Kind zum Beispiel einen Stuhl erklimmen, zieht es sich zunächst zum Stand nach oben, versucht dann, ein Bein auf die obere Ebene zu heben, zieht sich mit den Armen vorwärts und robbt auf die Sitzfläche, wo es sich schließlich dreht und richtig hinsetzt.

Mit dem Alter wächst bei den Kleinen der Spaß am Klettern. Sie versuchen sich an der Leiter einer Rutsche, an Klettergerüsten auf dem Spielplatz oder an beliebigen anderen Erhöhungen im Wohnumfeld. Weil ihnen häufig noch das Bewusstsein für Höhe und die damit verbundenen Gefahren fehlt, kann es zu Problemen kommen. Kletternde Kleinkinder sind daher immer besonders gut zu beaufsichtigen (Abb. 8).

Schaukeln

Beim Schaukeln nutzt das Kind andere Muskeln und andere Fertigkeiten als bei den zuvor genannten Tätigkeiten (Abb. 9). Zunächst lernt es, ohne Stütze im Rücken auf der sich bewegenden schmalen Platte zu sitzen und sich mit den Händen stabil am Seil festzuhalten.

Wird es angestoßen, so verlagert sich der Körperschwerpunkt ständig und die Bauch- und Rückenmuskulatur muss den Rumpf stabil halten. Ebenso muss die Nackenmuskulatur den Kopf in Position halten. Im nächsten Schritt lernt das Kind, sich am Seil festhaltend, synchron die Arme auszustrecken, den Oberkörper nach hinten zu lehnen und die Beine gerade zu machen, um Schwung nach vorne zu holen. Erst wenn es sich am höchsten Punkt dieser Vorwärtsbewegung befindet, wird es den Oberkörper wieder nach vorn beugen und die Beine nach hinten ziehen. Bei dieser Tätigkeit bewegen sich beide Arme und Beine also nicht gegenläufig wie beim Krabbeln, Laufen oder Klettern, sondern synchron. Diese Beschreibung macht deutlich, wie komplex die Bewegungsabläufe sind, die das Kind beherrschen muss, um sich auf der Schaukel in Schwung zu bringen.

Hüpfen und Springen

Auch beim Hüpfen und Springen sind die Arm- und Beinbewegungen synchronisiert. Gilt es, dabei gleichzeitig einen Absatz zu überwinden, kommt noch eine Schwierigkeit hinzu: Das Kind muss sein eigenes Körpergewicht nach dem Sprung wieder abfangen, um sicher im Stand zu landen. Nicht selten überschätzen sich gerade die Jüngsten und springen von Absätzen, die für sie viel zu hoch sind. Eine Übung für Fortgeschrittene ist auch das Hüpfen auf einem Bein, das in der Regel erst gegen Ende des dritten Lebensjahres sicher gelingt.

Abb. 8: Kind beim Klettern

Abb. 9: Kind beim Schaukeln

Fangen

Einen Gegenstand, z. B. einen Ball, aus der Luft zu fangen, ist schwieriger als man denkt, weil der ganze Körper dabei einzubeziehen ist. Dafür muss ein Kind die Flugbahn und das Gewicht des Flugobjektes beachten. Es muss vorausschauend handeln, die Arme rechtzeitig ausstrecken und die Hände so formen, dass sie der Größe des Balles entsprechen. Wenn der Ball dann angeflogen kommt, geht es darum, ihn im richtigen Moment weit vor oder über dem Körper zu packen und seinen Schwung durch Armbewegungen, das Beugen der Knie oder einen Ausfallschritt nach hinten abzufedern. Dieser Aufgabe sind Kleinkinder normalerweise noch nicht gewachsen. Erst gegen Ende des dritten Lebensjahres ist hier mit ersten Erfolgen zu rechnen.

Grenzen früher Bewegungskoordination

Generell gilt: Je komplexer eine Bewegung ist, je mehr vorausschauendes Denken (und damit Erfahrung) notwendig ist, je mehr Kraft man braucht und je schneller die Bewegungsabläufe ausgeführt werden müssen, desto weniger sind Kleinkinder dazu in der Lage. Gleichzeitig ist aber auch wahr, dass Übung schon früh den Meister macht. So weiß man etwa, dass Kinder aus Kulturen, die in Pfahlbauten leben, bereits mit weniger als einem Jahr lernen, die Leitern ihrer Behausungen zu erklettern. Motorische Geschicklichkeit hat grundsätzlich sehr viel mit Übung zu tun. Das gilt für Ball-, Hüpf-, und Balancespiele, aber auch für das Roller- oder Fahrradfahren.

2.1.4 Feinmotorik

Greifreflex

Neugeborene verfügen über den sogenannten „Greifreflex“, der es ihnen erlaubt, alles, was die Handinnenflächen berührt und nicht zu groß ist, zu umschließen und festzuhalten (Abb. 10). Doch schon wenige Wochen nach der Geburt verliert sich dieser Reflex wieder und macht dem gezielten Greifen Platz (Abb. 11).

gezieltes Greifen

Versucht das Kind, einen Gegenstand zu packen, der über seinem Bettchen hängt, so kann man beobachten, dass es den Arm auf der passenden Seite in Richtung des Gegenstandes ausstreckt und die Hand öffnet. Allerdings sind seine Bewegungen dabei oft noch zittrig oder ruckartig, weil die für das gezielte Greifen zuständigen Motoneurone und Hirnareale noch nicht ausgereift sind. Außerdem können Säuglinge noch nicht gut räumlich sehen, was es erschwert, den Abstand des Gegenstandes vom Körper und seine genaue Position und Form auszumachen. Trotz dieser Schwierigkeiten sind Säuglinge unermüdlich dabei, das gezielte Greifen zu üben. Nicht umsonst legt man ihnen Kuscheltiere mit ins Bettchen, entwickelt für sie spezielle Greif-Spielzeuge oder legt sie gerne unter Spielstationen mit baumelnden bunten Objekten.

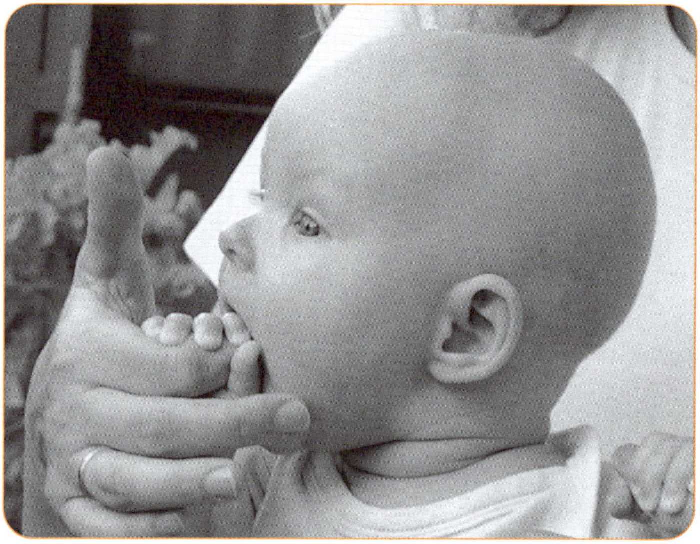

Abb. 10: Greifen

Abb. 11: Gezieltes Greifen

Ist gerade nichts zu finden, das sie packen können, führen Säuglinge ihre Hände vor dem Körper zusammen und zupfen an den eigenen Fingern, oder sie strecken ihre Beinchen in die Luft und spielen mit ihren Füßen. So schulen sie nicht nur ihre Feinmotorik und Körperkoordination, sondern auch die Selbstwahrnehmung.

Veränderung des Greifens

Halten Säuglinge alle Objekte, die nicht zu groß dafür sind, anfangs im sogenannten „Grabschgriff" oder „Baggergriff" mit der ganzen Hand fest, so wird im nächsten Schritt der Daumen in eine den anderen Fingern gegenüberliegende Position gebracht. Nun ist der wesentlich effizientere „Zangengriff" möglich. Später lernt das Kind, die Bewegung der einzelnen Finger noch besser zu differenzieren und kann nun auch kleinere Gegenstände im „Pinzettengriff" zwischen Daumen und Zeigefinger halten.

gezieltes Hantieren

Bereits ab ca. sieben Monaten lässt sich außerdem beobachten, dass Kinder ein Spielobjekt mit einer Hand festhalten und von allen Seiten betrachten können, indem sie ihr Handgelenk drehen, während die zweite Hand dafür genutzt wird, das Objekt genauer zu untersuchen. Auch das Übergeben des Gegenstandes von einer zur anderen Hand gelingt nun schon recht gut.

mit Alltagsgegenständen hantieren

Es dauert in der Regel noch eine ganze Weile, bis bestimmte Alltagsgegenstände wie etwa Löffel, Stift, Messer, Tasse oder Schere richtig gehalten und bewegt werden können. Wichtig ist hier schließlich nicht nur, dass diese Gegenstände in einer bestimmten Position ergriffen werden, sondern auch, dass die Hand / der Arm mit den Objekten eine ganz bestimmte Handlung ausführt. Beispielsweise ist es für ein einjähriges Kind noch schwer, einen Löffel so zu halten, dass der Brei nicht gleich wieder herunterläuft, oder eine Tasse so zum Mund zu führen, dass kein Getränk verschüttet wird. Und ein zweijähriges Kind kann stolz sein, wenn es ihm gelingt, einen Stift so zu halten, dass es damit etwas zu Papier bringt.

sich an- und ausziehen

Säuglinge und Kleinkinder spielen gerne an ihrer Kleidung. Knöpfe und Reißverschlüsse, Strümpfe und Tücher sind beliebte Objekte für feinmotorische Übungen. Schon recht früh finden die Kleinen dabei heraus, wie man sich von Schühchen oder Söckchen, Mützen oder Tüchern befreit. Mit Hosen und Jacken ist es etwas schwerer, weil dafür der ganze Körper koordiniert bewegt werden muss. Dies gilt umso mehr, wenn Kinder lernen, sich anzuziehen. Selten gelingt dies vor dem dritten Lebensjahr. Allerdings wollen die Kleinen schon früh beim Anziehen mitwirken, was die Prozedur in die Länge ziehen kann. Manchmal wollen sie auch nicht angezogen werden und machen Bewegungen, um sich dagegen zu sperren. Aus allen genannten Gründen ist es wichtig, bei Kleinkindern für jegliche Form des An- und Ausziehens etwas mehr Zeit einzuplanen als bei einem Säugling oder einem größeren Kind.

2.1.5 Beziehung zu anderen Entwicklungsbereichen

Die Grob- wie auch die Feinmotorik haben viel mit Wahrnehmung und Denken zu tun. Nur wer den Raum und seinen eigenen Körper gut wahrnimmt, kann sich sicher bewegen. Nicht umsonst spricht man von „visu-motorischer Kontrolle". Diese enge Verknüpfung bedingt, dass sich Kinder mit eingeschränkter Sehfähigkeit möglicherweise weniger an motorischen Spielen beteiligen als Kinder mit guten Sehfähigkeiten. Sie benötigen dazu besondere Ermutigung. Im Hinblick auf die Feinmotorik wird darüber hinaus auch das enge Verhältnis zur Denkentwicklung deutlich: Beim Zeichnen offenbart sich nicht nur die Fähigkeit des Kindes, den Stift richtig zu halten, sondern auch seine Fähigkeit, Objekte aus der Umwelt differenziert zu erfassen oder zu symbolisieren. Auch das gezielte Manipulieren von Gegenständen hat etwas damit zu tun, wie differenziert das Kind ein Objekt schon „begreifen" kann. Motorik, Wahrnehmung und Denken beeinflussen sich in der frühen Kindheit wechselseitig.

Auch soziale Fähigkeiten stehen mit der Motorikentwicklung in Verbindung: Kleinkinder haben größere Achtung vor anderen Kindern, wenn diese ihnen auf motorischer Ebene einen Schritt voraus sind. Umgekehrt stärkt ein Zugewinn an körperlichen Kompetenzen das Selbstbewusstsein. Es ist sehr wichtig, dass Kinder sich ausprobieren dürfen, um ihre körperlichen Grenzen einschätzen zu lernen. Dazu gehört durchaus auch einmal, dass sie fallen und sich die Knie aufschrammen. Es ist für alle, die Kinder betreuen und erziehen, eine große Herausforderung, abzuschätzen, welches Risiko eingegangen werden kann, ohne dass das Kind ernsthaft in Gefahr gerät. Am besten ist es, bei Erprobungsversuchen in der Nähe zu bleiben und nur dann einzuschreiten, wenn es tatsächlich zu einem Unfall kommen könnte. So wird nicht nur ein Beitrag zur grobmotorischen Entwicklung geleistet, sondern auch zum Aufbau von Selbstvertrauen beim Kind.

Largo, R. (2017). Babyjahre. Entwicklung und Erziehung in den ersten vier Jahren (3. Aufl.). München: Piper Verlag.

Pauen, S. (2018a). Pränatale Entwicklung und Neugeborenenzeit. In Strohmer (Hrsg.), Psychologische Grundlagen für Fachkräfte in Kindergarten, Krippen und Hort (S. 2017–112). Göttingen: Hogrefe.

Siegler, R., Eisenberg, N., DeLoache, J. & Saffran, J. (2016). Entwicklungspsychologie im Kindes- und Jugendalter (4. Aufl., Kap. 4). Heidelberg: Spektrum Akademischer Verlag.

1 Was sind die wichtigsten Meilensteine der grob- und feinmotorischen Entwicklung in den ersten drei Lebensjahren?

2 Wie wirken sich körperliche Reifungsprozesse auf die Motorikentwicklung aus?

3 Welche Rolle spielt Erfahrung für die Motorikentwicklung?

2.2 Wahrnehmung und Aufmerksamkeit

Kinder nehmen sowohl ihren Körper als auch ihre Umwelt bereits in frühen Jahren differenziert wahr. Dazu tragen Nah- und Fernsinne entscheidend bei. Während Neugeborene mit einem recht fein ausgeprägten Tast-, Geruchs-, Geschmacks- und Hörsinn zur Welt kommen, entwickelt sich das Sehen in den Monaten nach der Geburt noch bedeutsam weiter. Dabei lassen sich teilweise prägende Phasen identifizieren. Die Erfahrungen unterschiedlicher Sinnesmodalitäten werden von Anfang an integriert. Damit ein Reiz umfassend wahrgenommen werden kann, muss das Kind zunächst seine Aufmerksamkeit darauf richten. Schon früh führen plötzlich auftretende und besonders intensive Reize zu automatischen Orientierungsreaktionen. Gleichzeitig bestehen von Geburt an Wahrnehmungspräferenzen, die unsere Aufmerksamkeit unwillkürlich auf bestimmte Reize lenken. Mit dem Alter lernen Säuglinge und Kleinkinder, ihre Aufmerksamkeit bewusster zu steuern. Nun können sie einen Reiz fokussieren und sich ebenso willentlich wieder von ihm abwenden. Das hängt mit der Reifung bestimmter Hirnareale im Präfrontalen Cortex zusammen. Auch die Tiefe und die Dauer, mit der ein Reiz verarbeitet wird, verändern sich mit dem Alter. Wahrnehmung und Aufmerksamkeit bestimmen gemeinsam, welche Informationen vom Kind in welcher Art verarbeitet werden. Sie bilden das Fundament für kindliches Lernen.

Der Mensch verfügt über sehr verschiedenartige Sinne. Einige davon beziehen sich auf den eigenen Körper (Stellung von Gliedmaßen zueinander, Spannung in der Muskulatur), andere auf die Position des Körpers im Raum (Gleichgewichtssinn). Wieder andere Sinne können sowohl durch Innen- wie durch Außenreize aktiviert werden (Schmerzsinn, Temperatursinn). Von besonderem Interesse für das Lernen sind vor allem jene Wahrnehmungskanäle, die für Reize außerhalb des Körpers im Nahbereich (Geruchs- und Geschmackssinn) sowie im Fernbereich (Hören, Sehen) zuständig sind.

Menschen, denen Säuglingen oder Kleinkindern anvertraut sind, sollten stets darauf achten, ob die Wahrnehmungsfähigkeiten des Kindes in allen Bereichen normal funktionsfähig sind. Wie die nachfolgenden Ausführungen noch deutlich machen werden, ist dies gerade in den ersten Lebensjahren von entscheidender Bedeutung für die weitere Entwicklung (Slater, 1998).

2.2.1 Körperbezogene Sinne

Stellung von Körperteilen

Für die Steuerung der Motorik braucht das Gehirn Information über die Stellung der Gliedmaßen und die Muskelspannung. Die zugehörigen Rezeptoren sitzen in den Sehnen und Muskeln. Hier reagieren sie vor allem auf Dehnungsreize. Schon im Mutterleib bewegt das Kind Kopf und Rumpf, Arme und Beine sowie Hände und Füße. Auch die eigene Körperwahrnehmung setzt demnach bereits vor der Geburt ein. Allerdings verändern sich die Informationen, die das Gehirn erhält, mit dem Längen- und Größenwachstum kontinuierlich, sodass immer wieder eine Neu-Justierung der Verarbeitung erfolgen muss, die sich über die gesamte Kindheit und Jugend erstreckt. Weil Körperwahrnehmung und motorische Aktivitäten eng verknüpft sind, hilft Bewegung kleinen Kindern, ein differenziertes Körperschema zu entwickeln.

Lage im Raum

Neben der Stellung der Körperteile braucht das Kind auch Information über seine Position und Beschleunigung im Raum. Hierfür ist das Gleichgewichtsorgan im Innenohr entscheidend. Es entwickelt sich bereits in der Schwangerschaft und ist bereits bei der Geburt funktionsfähig. Allerdings können wir gerade bei Kleinkindern oft beobachten, dass sie ihren Gleichgewichtssinn auch aktiv trainieren. Sie haben großes Vergnügen daran, durch die Luft geworfen zu werden, zu schaukeln, Karussell zu fahren oder sich einfach nur um die eigene Achse zu drehen. Kleinkinder lieben Lageveränderungen und Beschleunigungskräfte, weil solche Erfahrungen ihren

Gleichgewichtssinn schulen. Mögen Kinder derlei Aktivitäten gar nicht, kann dies ein Hinweis auf Probleme mit dem Gleichgewichtssinn sein.

Schmerzen

Wer sich viel und heftig bewegt, verletzt sich leichter. Schmerzrezeptoren befinden sich sowohl in Muskeln und Organen als auch in der Außenhaut. Es gibt unterschiedliche Arten von Rezeptoren. Schmerzempfindungen, die sich auf das Körperinnere beziehen, können Kleinkinder nur schwer verorten, was es für ärztliches Fachpersonal oft kaum möglich macht, ihre Quelle zu bestimmen.

Dachte man noch in den 1960er Jahren, Neugeborene seien nur begrenzt schmerzempfindlich, weil entsprechende Reaktionen oft zeitverzögert auftreten, so weiß man inzwischen, dass das ein Fehlschluss war. Die verzögerten Reaktionen rühren vielmehr daher, dass die Neurone, die Schmerzrezeptoren in der Haut mit dem Gehirn verbinden, erst später mit einer isolierenden Fettschicht (Myelin) versehen werden (Kap. 2.1). Solange dieser Prozess noch nicht abgeschlossen ist, leiten die zuständigen Nerven den Schmerzreiz nur langsam weiter. Außerdem unterliegt die Verschaltung dieser Nerven im Rückenmark reifungsbedingten Veränderungen. Folglich sind Säuglinge und Kleinkinder noch nicht gut in der Lage, schnell eine gezielte körperliche Reaktion zu produzieren, die den schmerzauslösenden Reiz vermeidet oder beseitigt. Als Folge sind Schmerzreaktionen bei den Kleinsten nicht leicht zu erkennen.

Typische Merkmale frühkindlicher Schmerzen haben Franck, Greenberg & Stevens (2000) zusammengestellt.

1 verzerrtes Gesicht

2 Schreien mit offenem Mund

3 Trinkschwäche

4 motorisch Unruhe

5 spontane Schonhaltung

6 Stöhnen

7 Benommenheit

8 Blässe

9 Berührungsempfindlichkeit

10 unspezifische Abwehrreaktion

Temperatursinn

Warm- und Kaltempfindungen können durch eine Veränderung der inneren Temperatur (z. B. bei Fieber) oder durch eine Veränderung der Außentemperatur (warme Kleidung) zustande kommen. Dass schon Babys Außentemperatur fühlen, erkennt man an ihrem Verhalten: Wird eine intensive Hitzequelle in ihre Nähe gebracht, so ziehen sie ihre Körperteile nach Möglichkeit davon zurück. Ist es wohlig warm, entspannen sie sich und werden schläfrig. Ist es dagegen zu kalt, so kann man das an vermehrtem Bewegungsdrang erkennen.

Eine Gänsehaut oder fröstelndes Zittern lässt sich im ersten Lebensjahr aber nicht bei allen Kindern zuverlässig beobachten. Über die Gründe hierfür ist bereits viel spekuliert worden. Eine Erklärung besteht darin, dass die Kleinen nur wenige Haare haben und sich das Aufstellen dieser Haare energetisch gar nicht lohnen würde. Es kann aber auch gut sein, dass die entsprechende Reaktion einfach nur schwach ausgeprägt ist. In jedem Fall kann es leicht passieren, dass man Kältereaktionen bei Säuglingen übersieht. Von daher ist es wichtig, häufiger „nachzufühlen“, ob das Kind kalte Händchen und/oder Füßchen aufweist, und nachzuschauen, ob seine Haut an den Extremitäten bläulich schimmert. In diesem Fall braucht es dringend Wärme.

Die bisherigen Ausführungen machen deutlich, dass Schmerz- und Temperaturwahrnehmungen sowohl durch eine Veränderung im Körperinneren als auch durch Einwirkungen von außen zustande kommen können. Für das Lernen über die Umwelt sind aber vor allem jene Sinne wichtig, die Außenreize registrieren. Hier unterscheidet man gemeinhin zwischen Nah- und Fernsinnen: Zu den Nahsinnen gehören der Tastsinn-, Geruchs-, oder Geschmackssinn. Im Unterschied dazu beziehen sich die Fernsinne wie Hören oder Sehen auf Reize, die auch aus der Distanz wahrgenommen werden können.

2.2.2 Nahsinne

Tastsinn

Bereits während der Embryonalphase (ab der fünften Woche) reagiert der kindliche Körper auf Berührung (taktile Reize). Der Tastsinn scheint demnach schon lange vor der Geburt funktionsfähig zu sein. Wie differenziert Säuglinge Druck, Dehnung und Vibrationsreize auf der Haut empfinden, lässt sich aber kaum zuverlässig messen.

Die Tatsache, dass Frühgeborene ihren Herzschlag verlangsamen und ihre Gehirndurchblutung steigern, wenn sie Körperkontakt zu nackter Haut haben (das nennt man in der Fachsprache Känguruhen), weist auf die enorme Bedeutung des Tastsinns in den ersten Lebensmonaten hin. Sanfter Körperkontakt und Berührung wirken bei Säuglingen stressreduzierend.

Gleichzeitig ist das Körperschema in den ersten Lebensmonaten noch nicht voll ausgebildet, sodass es den Kindern schwer fällt, taktile Reize räumlich exakt zu verorten und motorisch passend zu reagieren. An dieser Stelle wird deutlich, dass die Entwicklung der Sinne stets integrativ betrachtet werden sollte, weil Wahrnehmungseindrücke meist komplexer Natur sind und mehr als eine Sinnesmodalität einschließen.

Säuglinge und Kleinkinder explorieren Objekte gerne nicht nur mit den Händen, sondern auch mit dem Mund. So erhalten sie vielfältige taktile Informationen über ihre Umwelt. Entsprechende Aktivitäten helfen ihnen einerseits dabei, ihren somatosensorischen Cortex zu schulen, vermehren andererseits aber auch ihr Wissen über Objekte, indem sie Informationen über Material- und Oberflächenstrukturen vermitteln. Einen differenzierten Überblick über die Entwicklung des Tastsinns bei Kindern geben Streri und Feron (2005).

Schmecken

Was in den Mund wandert, wird nicht nur ertastet, sondern über die vielen Geschmacksrezeptoren in Mund und Rachen auch „erschmeckt". Zu keiner Zeit in der Entwicklung verfügt der Säugling über mehr Geschmacksknospen als in den ersten Lebensmonaten.

Auch schon vor der Geburt scheint das Kind seinen Geschmackssinn zu schulen, indem es Fruchtwasser trinkt, das vielfältige Geschmacksstoffe enthält, die seine Mutter ein bis zwei Stunden zuvor mit dem Essen zu sich genommen hat. Studien haben gezeigt, dass der mütterliche Verzehr von Süßspeisen nach eben dieser Zeitspanne zu vermehrten Schluckbewegungen des Kindes führt, was darauf hindeutet, dass süßes Fruchtwasser dem Kind besonders gut schmeckt.

Andere Studien zeigen, dass Ernährungsgewohnheiten der Schwangeren Auswirkungen auf die Geschmackspräferenzen ihres Neugeborenen haben. Wichtige Lernprozesse scheinen also schon vorgeburtlich stattzufinden. In den ersten Lebensjahren werden diese Prozesse noch verstärkt und das Kind entwickelt ausdrückliche Vorlieben. Einen Überblick über die Entwicklung des Geschmackssinns geben Mennella und Beauchamp (1997).

Allgemein ist es empfehlenswert, Kinder mit möglichst unterschiedlichen gesunden Lebensmitteln vertraut zu machen bzw. ihnen diese anzubieten, wobei auch hier jede Form von Druck zu vermeiden ist. Es kann nämlich durchaus sein, dass das Kind seine Präferenzen später noch einmal anpasst, wenn sich die körperlichen Bedürfnisse aufgrund von Reifungsprozessen verändern. Besteht dann aber bereits ein Widerstand gegen bestimmte Lebensmittel (z. B. Gemüsesorten oder Obst), so kann dies nachteilige Auswirkungen haben. Allerdings spricht nichts dagegen, dem Kind gesunde Nahrungsmittel vor allem dann anzubieten, wenn es richtig Hunger hat, und so die Wahrscheinlichkeit zu erhöhen, dass solche Lebensmittel auch akzeptiert werden.

Riechen

Schmecken und Riechen hängen eng zusammen. Sie gehören beide zu den ältesten Sinnen des Menschen. Geruchsrezeptoren in der Nase und im Rachenraum bestimmen das Geschmackserleben mit. Unangenehme Gerüche können das Kind davor warnen, etwas in den Mund zu nehmen, das möglicherweise nicht bekömmlich ist. Schon bei Neugeborenen ist zu beobachten, dass sie sich von fauligem Geruch abwenden, während sie andere Düfte (z. B. Maiglöckchenduft) zu mögen scheinen. Unmittelbar nach der Geburt scheinen sie sogar das Fruchtwasser der eigenen Mutter von dem einer anderen Frau am Geruch zu unterscheiden. Sie wenden ihr Köpfchen häufiger einem Wattebausch zu, der mit dem Fruchtwasser der eigenen Mutter getränkt ist als einem, der in das Fruchtwasser einer anderen Frau getaucht wurde. Nur wenige Tage später unterscheiden sie auch den Brust- und Schweißgeruch ihrer Mutter von dem anderer Frauen. Man kann also davon ausgehen, dass der Geruchssinn von Geburt an hochdifferenziert ist. Auch wenn sich diese feine Wahrnehmung später zu einem gewissen Grad verliert, bleibt der Geruchssinn zeitlebens bedeutsam. Man kann ihn sogar gezielt trainieren, indem man bewusst an verschiedenen Dingen riecht, Gerüche unterscheidet und versucht, seine Empfindung zu dem jeweiligen Geruch in Worte zu fassen.

2.2.3 Fernsinne

Zu den sogenannten Fernsinnen zählen das Hören und das Sehen. Fällt einer dieser Sinne aus, so sind die Lernfähigkeit und damit auch die kognitive Entwicklung des Kindes akut gefährdet. Erwachsene müssen bei Säuglingen und Kleinkindern folglich besonders auf Hör- und Sehprobleme achten, um Entwicklungsverzögerungen zu vermeiden. Zwar wird die grundsätzliche Funktionsfähigkeit des Ohres und des Auges schon unmittelbar nach der Geburt vom Kinderarzt bzw. der Kinderärztin medizinisch überprüft, doch ist das längst keine Garantie dafür, dass sich später keine Probleme ergeben. Manchmal leidet ein Kind an einem Paukenerguss im Innenohr oder fängt an zu schielen (um nur zwei mögliche Probleme anzusprechen). Auffälligkeiten lassen sich jedoch nur dann identifizieren, wenn man Kenntnisse über die normale Entwicklung hat.

Hören von Lauten

Eine differenzierte Hörwahrnehmung ist ab dem fünften Schwangerschaftsmonat nachweisbar. Von besonderem Interesse für das Kind scheint die mütterliche Stimme zu sein, die nicht nur über Schallwellen in der Luft, sondern auch über die Knochenleitung übertragen wird. Am Ende sind es stets die Vibrationen im Fruchtwasser, die das Trommelfell des Kindes in Schwingungen versetzen. Man kann sich daher gut vorstellen, dass Geräusche von außen nur sehr reduziert gehört werden, da sie zunächst die Bauchdecke und den Uterus der Schwangeren in Bewegung versetzen müssen, bevor das Fruchtwasser vibriert. Zudem gibt es eine laute Geräuschkulisse im Uterus, wo Verdauungs- und Blutgeräusche die meisten Außengeräusche überlagern. Vor diesem Hintergrund scheint es überraschend, dass manche Studien Auswirkungen von Musik auf den Herzschlag von Föten nachweisen konnten. Außerdem weiß man, dass schon Neugeborene eine klare Vorliebe für die mütterliche Stimme und für das Lautbild der eigenen Muttersprache haben. Solche Präferenzen werden auf Hörerfahrungen im Mutterleib zurückgeführt. Besonders eindrucksvoll ist in diesem Zusammenhang eine ältere, aber sehr berühmte Untersuchung von DeCaspar und Fifer (1980), die nachfolgend näher dargestellt wird.

Untersuchung zur Hörfähigkeit im Mutterleib

DeCaspar und Fifer (1980) untersuchten das Saugverhalten Neugeborener an einem Spezialschnuller, der mit einem Computer verbunden war und zunächst die spontane Saugrate der Kinder registrierte. Anschließend konnten die Kinder über die Geschwindigkeit ihres Saugverhaltens bestimmen, ob sie über Kopfhörer die Stimme der Mutter oder die einer anderen Frau eingespielt bekamen. Sie passten ihre Saugrate so an, dass sie die Mutterstimme hören konnten. In ähnlicher Weise konnten dieselben Autoren später auch zeigen, dass Neugeborene lieber ihre Muttersprache als eine andere Sprache hören.

Nach der Geburt dauert es einige Tage, bis die Gehörgänge des Kindes frei von Fruchtwasser sind, sodass erst dann eine vollwertige Hörleistung gegeben ist. Laute, plötzlich auftretende Geräusche (z. B. Klatschen oder Klingeln nahe an einem Ohr) lösen bei Neugeborenen aber auch schon vorher ein Zusammenzucken aus. So kann man prüfen, ob das Kind akustische Signale wahrnimmt. Gesunde Babys haben bereits früh sehr feine Ohren und können schon mit wenigen Wochen selbst kleinste Lautunterschiede hören, was ihnen beim Sprachenlernen hilft.

Heute weist man Hörfähigkeiten bei Säuglingen u.a. über Hirnstrommessungen und sogenannte Ereigniskorrelierte Potentiale (EKPs) nach. Das sind elektrische Spannungspotenziale, die in Reaktion auf einen Reiz (Ereignis) ausgelöst werden und sich an der Kopfoberfläche messen lassen.

Mithilfe dieser Methode ließ sich feststellen, dass Säuglinge mühelos zwischen „ba" und „pa" unterscheiden können, und auch zwischen Lauten, die nur in anderen Sprachen bedeutsam sind. Die Fähigkeit, Laute aller Weltsprachen differenziert zu hören, verliert sich bereits gegen Ende des ersten Lebensjahres wieder, wenn sich das Kind zunehmend auf den Erwerb seiner Muttersprache und deren Laute konzentriert. Auch die Unterscheidung von Betonungsunterschieden zwischen Silben (z.B. zwischen <u>ba</u>-ba und ba-<u>ba</u>), die Sprachen voneinander unterscheiden (z.B. Deutsch und Französisch), sind bereits kurz nach der Geburt nachweisbar. Säuglinge sind besonders sensitiv für Lautunterschiede aller Weltsprachen – eine Fähigkeit, die sich später auf Laute der Muttersprache eingrenzt.

Richtungshören

Das Richtungshören ist ein hochkomplexer Vorgang, bei dem das Gehirn die Geräusche, die vom rechten und linken Ohr kommen, in ihrem Zeitverlauf analysiert. Die Integration von Hörwahrnehmungen beider Ohren findet dabei auf verschiedenen Ebenen im Gehirn statt.

Auch wenn das Kind im Mutterleib kaum Möglichkeiten hatte, Richtungshören zu üben, lässt sich bei Neugeborenen feststellen, dass sie ihren Kopf eher in die Richtung drehen, aus der ein Geräusch kommt, woraus sich schließen lässt, dass ein grobes Richtungshören auf der Rechts-links-Achse schon von Geburt an möglich ist. Offensichtlich hat uns die Evolution auf die Integration von Hören und Sehen vorbereitet, indem sie sicherstellt, dass wir von Anfang an dorthin schauen, wo wir etwas hören.

Zu Beginn scheint das Richtungshören allerdings nur grob zu funktionieren – vermutlich, weil der Kopf (und damit der Abstand beider Ohren) noch starken Veränderungen unterliegt, was auf neuronaler Ebene permanente Anpassungsprozesse erforderlich macht. Schon gegen Ende des ersten Lebensjahres kann man aber beobachten, dass sich das Kind nach Geräuschen umdreht. Zeigt das Kind keine entsprechenden Reaktionen, ist zu prüfen, ob es möglicherweise auf einem Ohr Hörprobleme hat.

Insgesamt ist die Hörentwicklung des Menschen ein sehr komplizierter Entwicklungsvorgang (Werner; Fey & Popper, 2011), bei dem frühe Erfahrungen die spätere Verarbeitung akustischer Reize nachhaltig prägen. Übersieht man Hörprobleme in den ersten Lebensjahren, so ist damit zu rechnen, dass dies für die Sprachentwicklung und auch für andere Aspekte der akustischen Wahrnehmung (z.B. Richtungshören) nachteilige Konsequenzen hat.

pränatales Sehen

Neben dem Hören ist das Sehen extrem wichtig für die kindliche Entwicklung. In den letzten Monaten der Schwangerschaft hält der Fötus die Augen zumeist geschlossen, damit das Fruchtwasser die Hornhaut im Auge nicht angreift. Doch selbst bei geschlossenen Augenlidern kann das Kind zwischen hell und dunkel unterscheiden, denn es reagiert, wenn eine Lichtquelle in den Uterus eingeführt oder auf die Bauchdecke der Mutter gerichtet wird. Auch bei Frühgeborenen kann man beobachten, dass sie bei sehr hellen Lichtreizen blinzeln.

Sehen bei Neugeborenen

Im Unterschied zu den meisten anderen Sinnen ist die Sehfähigkeit beim Neugeborenen zunächst nur rudimentär ausgeprägt, weil es erst nach der Geburt tatsächlich etwas zu sehen gibt. Die enormen Fortschritte, die das Sehen dann innerhalb kürzester Zeit macht, beschreiben u. a. Slater et al. (2011) im Detail. In diesem Kapitel können nur die wichtigsten Aspekte angesprochen werden: Neugeborene verfügen zunächst nur über eine deutlich reduzierte Sehschärfe, Kontrastsensitivität und Farbwahrnehmung. Auch die Koordination der Augenbewegungen muss noch erlernt werden. Dennoch kann man beobachten, dass Neugeborene ihre Augen weit öffnen und sich anscheinend intensiv darauf konzentrieren, etwas zu erkennen. Während man früher davon ausging, dass sie in einem bestimmten Abstand (20 cm) scharf sehen können, weiß man heute, dass ihr Sehvermögen bei allen Distanzen in den ersten Lebensmonaten noch eingeschränkt ist.

Entwicklungbasaler Sehfunktionen

Die Sehschärfe verbessert sich kontinuierlich über die ersten Lebensmonate hinweg, wie man anhand der Blickvorlieben von Säuglingen feststellen kann. Bietet man ihnen ein Streifenmuster und eine gleichmäßig hellgraue Fläche mit exakt gleicher Helligkeit zur Auswahl, so bevorzugen die Kinder das Streifenmuster, aber nur dann, wenn die Streifen ziemlich dick sind. Schon bald kann man den Abstand der Streifen deutlich verringern, um die gleiche Reaktion hervorzurufen, woraus sich schließen lässt, dass die Sehschärfe zugenommen hat. Die Sehschärfe bestimmt, wie gut unsere Augen Muster und Konturen auflösen können.

Auch die Kontrastsensitivität entwickelt sich im ersten halben Jahr. Darunter versteht man die Fähigkeit, Veränderungen in der Helligkeit zu erkennen. Säuglinge, die erst wenige Tage alt sind, reagieren besonders auf starke Helligkeitskontraste, wie sie etwa an Kanten auftreten. Oft sind es eher die Bildränder von Objekten, die in Augenschein genommen werden, als die Einzelmerkmale im Zentrum eines Bildes oder eines Objektes. Mit jeder Lebenswoche können aber immer geringere Helligkeitsunterschiede wahrgenommen werden und dann kommen auch Feinheiten eines Bildes in den Genuss der kindlichen Aufmerksamkeit.

Die Farbwahrnehmung verbessert sich ebenfalls. Das liegt vor allem an der Reifung der Zapfen auf der Netzhaut. Zunächst ist die Zone des schärfsten Sehens (Fovea centralis) bei Kindern noch nicht voll entwickelt und sie sehen in den Randbereichen des Sehfeldes wesentlich besser als im Zentrum, wo sich vor allem Zapfen befinden. Objekte, die sich vom Rand ihres Sehfeldes her in das Zentrum bewegen, werden besonders leicht wahrgenommen.

Ganz allgemein reagiert das visuelle Wahrnehmungssystem bevorzugt auf Bewegungsreize, die eine automatische (vom Stammhirn gesteuerte) Orientierungsreaktion auslösen. Wenn man also möchte, dass ein Säugling etwas betrachtet, dann kann es hilfreich sein, den Gegenstand von außen in sein Sehfeld zu führen und ihn dabei zu bewegen. Erst nach einigen Wochen gewinnt die Unterscheidung von Farben an Bedeutung.

Gerade weil beim Sehen die frühen Erfahrungen entscheidend sind, ist es überaus wichtig, dass Probleme mit den Augen in dieser Phase schnell erkannt werden. Studien haben gezeigt, dass Kinder, die in den ersten Lebensmonaten länger als sechs Wochen ein Problem mit dem Schielen hatten, später dauerhaft in ihrer räumlichen Wahrnehmungsfähigkeit eingeschränkt waren. Die ersten acht Lebensmonate stellen eine sensible Phase für die Sehentwicklung dar (Kap. 1). Weil frühe Erfahrungen prägend für die visuelle Wahrnehmung sind, muss man stets darauf achten, dass Schiel- oder andere Sehprobleme bei Kleinkindern sofort behandelt werden.

Tiefenwahrnehmung

Die Tiefenwahrnehmung ist ein eigenes Forschungsgebiet innerhalb der Wahrnehmungsentwicklung, weil viele verschiedene Hinweisreize parallel genutzt werden, um ein Raumgefühl für Entfernungen zu entwickeln. Anhand ausgewählter Beispiele soll nun verdeutlicht werden, wie in der Entwicklungsforschung die Tiefenwahrnehmung von Säuglingen und Kleinkindern untersucht wird.

Bereits mit einem Monat reagieren Säuglinge mit abwehrendem Blinzeln auf Objekte, die vor ihren Augen rasch immer größer werden. Das gilt auch, wenn simple Formen auf einem Bildschirm expandieren. Offensichtlich werden solche Situationen als gefährliches Annäherungsverhalten wahrgenommen. Weil man dieses Phänomen selbst bei Frühgeborenen beobachtet hat, wird vermutet, dass diese Art der Tiefenwahrnehmung angeboren ist.

Anders verhält es sich bei der linearen Perspektive. Zur Nutzung dieser Hinweisreize wird nachfolgend eine Studie von Hemker und Kavšek (2010) vorgestellt.

Woher weiß man, ob Säuglinge perspektivisch wahrnehmen?

In der Studie von Hemker und Kavšek (2010) wurden Säuglinge vor eine senkrecht stehende Leinwand gesetzt, auf der Linien zu sehen waren, die auf einen Fluchtpunkt oberhalb der Leinwand zuliefen. Ergänzende Horizontal-Linien wurden nach oben hin immer dichter. Diese Darstellungsform führt bei Erwachsenen dazu, dass höherliegende Punkte als weiter entfernt wahrgenommen werden. Auf der so präparierten Leinwand wurden mit Klettband zwei gleich große Würfel in unterschiedlicher Höhe befestigt. Wegen des Bildhintergrundes wirkte der höher befestigte Würfel weiter entfernt und größer als der Würfel, der unterhalb befestigt war. Nun konnten Hemker und ihre Mitarbeiter:innen Säuglinge mittig vor die Leinwand setzen und testen, ob auch sie der optischen Täuschung unterlagen. Dabei interessierte, nach welchem Würfel sie eher greifen würden. Tatsächlich bevorzugten die Kinder den vermeintlich näher befindlichen Würfel, obwohl beide faktisch exakt gleich weit entfernt waren. (Dabei kontrollierte man die Rechts-links-Position und vertikale Entfernung beider Objekte vom Kind.) Dieser Effekt zeigte sich aber erst ab einem Alter von sieben Monaten. Man geht folglich davon aus, dass die lineare Perspektive als Tiefenhinweisreiz visuelle Erfahrungen voraussetzt.

Bewegungsparalaxe

Abschließend geht es um einen Tiefenhinweisreiz, der im Unterschied zu den vorher genannten nur mit beiden Augen wahrgenommen werden kann – die sogenannte Bewegungsparalaxe. Wird ein Gegenstand fixiert, der sich weit entfernt befindet, und mal das eine, mal das andere Auge geschlossen, so ändert sich das Bild kaum. Wird dagegen ein Gegenstand fixiert, der sich nahe vor dem Gesicht befindet (z. B. den eigenen Daumen), weichen die Informationen, die beide Augen liefern, stark voneinander ab. Das Gehirn kann aus den Abweichungen beider Netzhautbilder erschließen, wie weit ein Gegenstand entfernt ist. Ob schon Säuglinge diesen Tiefenhinweisreiz nutzen, wird mit der sogenannten „visual cliff"-Aufgabe untersucht, die Gibson und Walk (1960) in die Forschung eingeführt haben.

Die „visual cliff"-Aufgabe

Bei der „visual cliff"-Aufgabe (Gibson & Walk, 1960) werden Kinder im Krabbelalter auf eine Glasscheibe gesetzt, die über einen Abgrund führt. Vor dem Abgrund ist die Glasscheibe mit einem Schachbrettmuster unterlegt. Das gleiche Muster bedeckt auch den Abgrund, ist hier aber etwas größer gestaltet, sodass aus dem Blickwinkel des Kindes betrachtet der Eindruck entsteht, als würde überhaupt kein Abgrund existieren. Nur wenn das Kind die Information beider Augen kombiniert, entsteht ein Tiefeneindruck. Nun setzt man ein Baby auf die „sichere" Seite und bittet die Mutter, es von der anderen Seite aus über den Abgrund zu locken. Als kritischer Test gilt, ob das Kind tatsächlich „über die Klippe" krabbelt. Ab ca. neun Monaten zögern die Kinder deutlich und zeigen auf diese Weise, dass sie den (vermeintlichen) Abgrund wahrnehmen.

Zusammenfassend stellen wir fest, dass die Fähigkeit zur Nutzung einiger Tiefenhinweisreize angeboren zu sein scheint, während die Nutzung anderer Reize erst nach einigen Monaten visueller Erfahrung und Reifung des Wahrnehmungsapparates möglich ist. Das räumliche Sehen ergibt sich aus der Nutzung unterschiedlicher Tiefenhinweisreize mit jeweils eigenem Entwicklungsverlauf.

Objektwahrnehmung

Neben den elementaren Sehfunktionen interessiert, wie Kinder visuelle Szenen unterteilen und einzelne Objekte darin erkennen. Was für Erwachsene trivial erscheint, muss das Wahrnehmungssystem des Säuglings erst noch lernen. Wieder spielen dabei verschiedene Faktoren zusammen. Zunächst geht es darum, das Objekt vom Hintergrund zu trennen (Figur-Grund-Wahrnehmung). Dafür muss man überlegen, was alles zum Objekt gehört und was nicht. Wechsel im Muster oder in der Farbe sowie starke Helligkeitskontraste helfen bei dieser Differenzierung. Auch Weltwissen (z. B. über Objekte ihre Form und Größe) erleichtert das Erkennen von Objektgrenzen. Deshalb gelingt diese Einteilung älteren Kindern deutlich besser als jungen Säuglingen.

Im realen Raum liefert Bewegung schon sehr früh entscheidende Informationen über die Objekteinheitlichkeit. Hebt man einen Gegenstand, der aus verschiedenen Teilen besteht, an und alle Teile bewegen sich mit, so geht bereits ein zwei Monate alter Säugling davon aus, dass alle Teile zusammengehören. Bleibt ein Teil jedoch zurück, nimmt das Kind an, dass beide Teile unabhängig voneinander sind. Generell hilft das Gestaltgesetz des gemeinsamen Schicksals, Objekte vom Hintergrund zu trennen. Dieses Gesetz besagt, dass Elemente, die sich gemeinsam vor einem Hintergrund bewegen, als Einheit wahrgenommen werden.

Objektabbildungen vs. reale Objekte

Besonders spannend ist es zu sehen, dass Kleinkinder Objekte auf Bildern (z. B. im Bilderbuch oder auf einem Bildschirm) wie reale Objekte behandeln und teilweise sogar versuchen, nach ihnen zu greifen als wären sie dreidimensional. Auch beim Spielen ist ihnen oft der Unterschied zwischen einem Spielzeugmodell und einem realen Modell noch gar nicht klar. Erst ab zweieinhalb Jahren sind Kinder in der Lage, eine „duale Repräsentation“ zu formen und zwischen der Abbildung eines Gegenstandes und dem realen Gegenstand eindeutig zu unterscheiden. An dieser Stelle wird bereits deutlich, wie eng verschränkt Wahrnehmungs- und kognitive Entwicklung sind.

2.2.4 Intermodale Integration

Dachte man noch in den 1980er Jahren, dass Säuglinge erst nach mehreren Monaten fähig sind, Erfahrungen unterschiedlicher Sinne zu integrieren, so wissen wir heute, dass dies bereits unmittelbar nach der Geburt möglich ist (Kellman & Arterberry, 2000).

Tasten, Sehen und Hören

Das gilt etwa für das Tasten und Sehen, aber auch für die Koppelung von Sehen und Hören: Wie schon erwähnt, drehen Neugeborene automatisch ihren Kopf in die Richtung, aus der sie ein Geräusch gehört haben, was dafür spricht, dass ein angeborenes Verhaltensmuster die Integration von Sehen und Hören vorbereitet. Ab dem vierten Lebensmonat erwarten die Kinder dann, dass Geräusche und Bewegungsabläufe, die ihnen auf einem Bildschirm gezeigt werden, synchron ablaufen – ein Indiz für ihr rasches intermodales Lernen. Diese Erwartung von Bild-Ton-Synchronizität wurde auch für Lippenbewegungen und Sprachlaute nachgewiesen, wobei erwähnenswert scheint, dass Säuglinge dabei noch keinen Unterschied zwischen ihrer Muttersprache und anderen Sprachen machen, während Kleinkinder nur dann für Verletzungen der Synchronizität zwischen Bild und Ton sensibel zu sein scheinen, wenn die Lippen einen Laut formen, der zu ihrer Muttersprache gehört. Sie müssen die Lippenbewegungen also bereits sehr genau und differenziert wahrnehmen und mit den gehörten Lauten zusammenbringen können.

Auf der Basis zahlreicher empirischer Belege gehen wir inzwischen davon aus, dass sich die intermodale Wahrnehmung parallel zu den Wahrnehmungsfähigkeiten in einzelnen Sinnesmodalitäten entwickelt und von Geburt an nachweisbar ist. Gerade Säuglinge erfassen Objekte „mit allen Sinnen“. Sie ertasten sie, schmecken und riechen daran, ziehen und drücken an ihnen und schlagen sie auf den Tisch, um zu hören, wie sie klingen. Das alles sind Aktivitäten, die ihre Wahrnehmungsintegration trainieren.

2.2.5 Aufmerksamkeitssteuerung

Orientierungsreaktionen

Um etwas bewusst wahrnehmen zu können, ist es erforderlich, zunächst die Aufmerksamkeit darauf zu richten. Dabei hilft das Orientierungssystem, das vom Stammhirn gesteuert wird und sich vor allem auf die akustische und visuelle Aufmerksamkeit für Fernreize bezieht. Schnelle Bewegungen im Randbereich des Sehfeldes, starke Helligkeitsreize oder plötzliche Geräusche führen unwillkürlich dazu, sich ihnen zuzuwenden. Das gilt für Erwachsene genau wie für Säuglinge (Colombo, 2001).

Aufmerksamkeitsaktivierung

Abhängig von der Art der Reize, die dann gesehen oder gehört werden, werden in einem zweiten Schritt zusätzliche Aufmerksamkeitsressourcen aktiviert. Hier kommen angeborene Wahrnehmungspräferenzen zum Tragen. So lösen komplexe visuelle Muster oder Klänge stärkere (längere und intensivere) Aufmerksamkeitsreaktionen aus als monotone Reize. Außerdem scheinen humane Reize (etwa menschliche Gesichter, Stimmen oder Berührungen) bei Säuglingen besonders nachhaltiges Interesse auszulösen.

obligatorische Aufmerksamkeit

Das Kind muss aber nicht nur lernen, seine Aufmerksamkeit gezielt auf einen Reiz zu richten, sondern auch, sie wieder von diesem Reiz abzuziehen. Im Alter von zwei bis vier Monaten fällt das Kindern noch sehr schwer. Es lässt sich häufig beobachten, dass sie förmlich an einem Anblick „kleben bleiben". Obligatorische Aufmerksamkeit bezieht sich auf einen Zustand, in dem das Kind sich nur schwer von einem Wahrnehmungsgegenstand lösen kann.

visuelles Scannen

Wurde ein Reiz einmal fixiert, gilt es, ihn genauer zu explorieren. Beim Sehen ist diese Fähigkeit eng mit der Reifung der „frontalen Augenfelder" im Gehirn verknüpft; hier wird die Bewegung beider Augen motorisch gesteuert. Zudem sind Reifungsprozesse entsprechender Hirnbereiche wichtig, um Bilder oder komplexe Reize zu scannen – eine Fähigkeit, die sich im Verlauf des Kleinkindalters schon verbessert und im Grundschulalter noch weiter entwickelt. Während sehr junge Säuglinge sich zunächst vor allem für die Konturen von Gegenständen interessieren, beginnen sie nur wenig später, auch das Innere genauer zu betrachten. Dabei dürfte ihre zunehmende Sehschärfe, Kontrastsensitivität und Farbsensitivität eine wichtige Rolle spielen.

Sehen vs. Examinieren

Es gibt einen großen Unterschied zwischen Aufmerksamkeitszuständen, in denen das Kind einfach nur die Augen auf ein Objekt richtet, und solchen Zuständen, in denen das Kind ganz konzentriert bei der Sache ist. Diesen zweiten Zustand nennt man Examination. Wie eigene Studien zeigen, sinkt dann die Herzrate und Atemfrequenz als klares Indiz für eine vertiefte Verarbeitung (Elsner, Pauen & Jeschonek, 2006). Vertiefte

Aufmerksamkeitszustände treten im Säuglingsalter mit zunehmender Entwicklung immer häufiger auf.

Aufmerksamkeitsspanne

Die Aufmerksamkeitsspanne ist anfangs noch auf wenige Sekunden (Bilder) bis Minuten (bei bewegten Reizen) begrenzt und wächst mit dem Alter kontinuierlich. Das hat u. a. damit zu tun, dass sich die Sehfähigkeiten und das Wissen darüber, was man sieht, mit dem Alter erweitern. Wahrnehmung, Aufmerksamkeit und Lernen sind eng miteinander verknüpft, wobei nicht nur Bottom-up-Prozesse (von der Wahrnehmung zum Lernen), sondern auch Top-down-Prozesse (vom Wissen zur Wahrnehmung) bereits im Säuglings- und Kleinkindalter zusammenhängen. Ein Kind wird sich dann länger mit einem Gegenstand beschäftigen, wenn es schon etwas damit anfangen kann, also Wissen darüber aufgebaut hat, an das es anknüpfen kann. Die Übergänge zum Lernen und Denken sind damit fließend.

Siegler, R., Eisenberg, N., DeLoache, J. & Saffran, J. (2016). Entwicklungspsychologie im Kindes- und Jugendalter (4. Aufl., Kap. 4). Heidelberg: Spektrum Akademischer Verlag.

1. Mit welchen Sinnesfähigkeiten werden Säuglinge geboren?
2. In welchen Bereichen gibt es sensible Fenster der Wahrnehmungsentwicklung?
3. Worauf muss man im Umgang mit Säuglingen und Kleinkindern besonders achten?

2.3 Denken und Problemlösen

Die Denkentwicklung beginnt bereits vor der Geburt. Schon Neugeborene verfügen über die Fähigkeit, sich Dinge zu merken, Kategorien zu formen und Erwartungen zu bilden. Rasch werden diese Fähigkeiten ausgebaut und differenziert. Das Erinnerungsvermögen wächst, das kategoriale Denken wird verfeinert und die geistigen Repräsentationen werden immer komplexer. Bereits Kleinkinder verfügen über ausgefeiltes Weltwissen in unterschiedlichen Bereichen (z. B. Physik, Mathematik, Psychologie) und sind in der Lage, auf der Basis dieses Wissens Zusammenhänge zu erkennen und in Ansätzen auch Probleme zu lösen.

2.3.1 Wie wird das frühkindliche Denken erklärt?

Lange Zeit ging man davon aus, dass Denkprozesse an Sprache gebunden seien und erst relevant würden, wenn Kinder ihre ersten Worte sprechen. Heute sieht das die Wissenschaft anders. Mithilfe moderner Untersuchungsmethoden wurde inzwischen viel über das vorsprachliche Denken herausgefunden.

angeborenes Kernwissen

Basierend auf Ergebnissen der Säuglingsforschung wird heute davon ausgegangen, dass Babys mit Kernwissen in unterschiedlichen Bereichen geboren werden. Kernwissen bezeichnet ein begrenztes Set an angeborenem Wissen in wohl definierten Domänen wie Raum, Zeit, Zahlen oder Objekte, mit dem Säuglinge auf die Welt kommen (s. auch 2.3.4). Aufgrund dieses Basiswissens bilden Kinder in aktiven Erkenntnisprozessen informelle, intuitive Theorien, die ihnen das Verständnis zentraler Domänen erleichtern. In diesem Zusammenhang spricht man von einer intuitiven Physik, Mathematik und Psychologie (auch theory of mind). Betont werden dabei die frühen Kompetenzen der Kinder sowie die Bereichsspezifität der kognitiven Entwicklung, im Kontrast zu traditionellen bereichsübergreifenden Theorien wie z. B. derjenigen von Piaget.

Allerdings ist diese Position nicht unumstritten. Die Gegenposition behauptet, dass unser Denken grundsätzlich durch Sinneserfahrungen vermittelt sei und Wissen über die Welt erst nach der Geburt erworben werden könne. Wie nachfolgend noch zu zeigen sein wird, muss dies kein Widerspruch sein. So gibt es Belege dafür, dass unser Wissenserwerb von Anfang an auf bestimmten Verarbeitungsprinzipien beruht, wir aber auf der Grundlage von Erfahrung ständig damit beschäftigt sind, unser Wissen zu erweitern und zu verändern. Dabei setzen sich schon die Kleinsten aktiv mit ihrer Umwelt auseinander und nehmen selbstbestimmt Einfluss darauf, welche Erfahrungen sie machen. Das Kind wird – wie Jean Piaget, der Begründer unserer modernen Entwicklungspsychologie, es einmal sehr treffend ausgedrückt hat – „zum Konstrukteur seiner eigenen Wirklichkeit“, tut dies aber nicht unabhängig von seinem sozialen Umfeld.

2.3.2 Lernen und sich erinnern

Erinnerung vor der Geburt

Ultraschallstudien belegen eindrucksvoll, dass sich Föten schon ab der 24. Schwangerschaftswoche bis zu einen Tag lang an einen Reiz erinnern können. Festgestellt wurde das, indem man von außen ein brummendes und vibrierendes Gerät an den Bauch der Schwangeren hielt und zunächst registrierte, dass die Föten mit beschleunigter Herzrate und vermehrter Bewegung reagierten. Je häufiger der Reiz dargeboten wurde, desto mehr flachten diese Orientierungsreaktionen ab. Die Gewöhnung an einen wiederholt präsentierten Reiz – auch Habituation genannt – konnte 24 Stunden später noch nachgewiesen werden. Die Föten hatten sich also ganz offensichtlich an den Reiz erinnert und fanden ihn folglich weniger „aufregend". Weitere wichtige Belege für frühe Gedächtnisleistungen sind das Wiedererkennen des mütterlichen Gesichts, ihres Geruchs und ihrer Stimme nur wenige Tage nach der Geburt (Kap. 2.2). Selbst eine Geschichte, die den Föten während der letzten sechs Wochen der Schwangerschaft täglich einmal vorgelesen wurde, konnten Neugeborene wiedererkennen – auch wenn die Geschichte von einer anderen Person vorgelesen wurde. Offensichtlich hatten die Kinder sich das komplexe Lautmuster eingeprägt. Diese und andere beeindruckende Leistungen machen deutlich, dass wir schon vor der Geburt mit der Fähigkeit ausgestattet sind, uns Dinge zu merken. Damit stellt sich die Frage, wie das Gedächtnis in dieser frühen Zeit eigentlich funktioniert. In der Psychologie werden unterschiedliche Formen von Lernen und Gedächtnis differenziert.

Objekt-, Handlungs- und Ereignisgedächtnis

Neben Habituationsreaktionen (vgl. 1.2 Habituationslernen) gibt es noch andere Formen. Ob man sich bestimmte Fakten merkt, sich an bestimmte eigene Handlungsabläufe erinnert oder beobachtete Szenen und komplexe Ereignisse im Gedächtnis behält, macht einen Unterschied, weil dafür jeweils andere Hirnareale aktiviert werden. Beim Säugling sind diese unterschiedlichen Gedächtnisinhalte noch nicht gut trennbar. Es wird davon ausgegangen, dass das Handlungs- und das Ereignisgedächtnis sich etwas später entwickeln als das Objektgedächtnis, weil die Kinder zunächst noch Schwierigkeiten haben, sich mehrere Handlungsschritte / Ereignisse in der richtigen zeitlichen Reihenfolge zu merken.

implizites und explizites Gedächtnis

Wenn man Aussagen über die Gedächtnisleistung der Kleinen machen möchte, kommt es aber auch darauf an, ob man erfasst, wie gut das Kind etwas wiedererkennt, oder ob man misst, wie gut es in der Lage ist, seine Erinnerung aktiv abzurufen. Während das implizite Gedächtnis (Wiedererkennen, im Englischen „recognition") schon sehr früh erstaunlich gut funktioniert, lässt sich für das explizite Gedächtnis (aktives Erinnern, im

Englischen „recall") ein interessanter Entwicklungsverlauf nachweisen, der vor allem deutlich macht, dass sich die Gedächtnisspanne mit dem Alter immer weiter vergrößert.

Mobile-Studie von Rovée-Collier (1999)

Eine Studie, die den aktiven Abruf (Recall) von gespeicherter Information im Entwicklungsverlauf untersucht, hat Rovée-Collier (1999) vorgestellt: Sie hängte ein Mobile über das Bettchen von Säuglingen im Alter von zwei bis sechs Monaten. Das Mobile verband sie über eine Schnur mit dem Bein des Kindes und maß mithilfe eines sogenannten Aktigraphen das Strampelverhalten des Kindes. Das Strampelverhalten nahm zu, sobald das Baby bemerkt hatte, dass es das Mobile auf diese Weise in Bewegung versetzen konnte. Anschließend entfernte Rovée-Collier das Mobile für eine gewisse Zeit und montierte es dann erneut an derselben Stelle, allerdings ohne die Schnur am Bein des Kindes zu befestigen. Trotzdem fingen die Babys wieder vermehrt an zu strampeln – ein klares Anzeichen dafür, dass sie sich an die Lernsituation erinnern konnten und den interessanten Effekt gerne wieder erzeugen wollten. Älteren Kindern (6 bis 18 Monate) gab die Autorin eine andere Aufgabe, bei der sie durch Drücken einer Taste eine Spielzeugeisenbahn in Bewegung versetzen konnten. In der Testphase war der Schalter nicht mit der Eisenbahn verbunden und es wurde gemessen, wie lange die Kinder trotzdem auf die Taste drückten. Zwischen 2 und 18 Monaten stieg die Zeitspanne, die zwischen Lern- und Testphase liegen konnte, ohne dass die Kinder den Zusammenhang vergessen hatten – von einer Woche im Alter von drei Monaten über zwei Wochen im Alter von sechs Monaten bis zu 13 Wochen im Alter von 18 Monaten. Allerdings hing die Erinnerungsleistung auch davon ab, wie oft bzw. wie viele Minuten die Kinder zuvor trainiert hatten. Auch wenn es sich in diesem Fall um eine aktive Erinnerung handelt, weil die Kinder etwas tun mussten, um den Effekt wieder hervorzurufen, so hatten sie durch das Mobile gleichzeitig einen Erinnerungshinweis.

Objektpermanenz

Gegen Ende des ersten Lebensjahres können Kinder aktiv nach Dingen suchen, die zuvor aus ihrem Sichtfeld verschwunden sind, für die es also keinen direkten Erinnerungshinweis gibt. Nach Piaget haben sie damit Objektpermanenz erreicht. Objektpermanenz bezeichnet die Fähigkeit, einen Gegenstand, der aktuell nicht mehr wahrnehmbar ist, im Geiste zu repräsentieren.

Wie die amerikanische Wissenschaftlerin Renée Baillargeon (1987) zeigen konnte, reagieren Kinder aber schon viel früher mit Überraschung, wenn ein Gegenstand sich plötzlich nicht mehr an dem Ort befindet, wo sie ihn zuletzt gesehen haben. Wir gehen folglich davon aus, dass sie schon mit vier bis fünf Monaten über kurzzeitige Objektpermanenz verfügen.

Merkfähigkeit

Die Entwicklung der Merkfähigkeit ist stark reifungsabhängig und kann kaum trainiert werden. Dennoch ist es für Babys und Kleinkinder hilfreich, wenn ihr Erinnerungsvermögen immer mal wieder auf die Probe gestellt wird. Suchaufgaben, die Kleinkinder gerne spielen, sind dabei besonders geeignet, ihr Erinnerungsvermögen für Positionen und Objekte zu schulen.

2.3.3 Erfahrungen ordnen und Abstraktionen bilden

Wie gelingt es Babys, Ordnung in die Vielfalt neuer Erfahrungen zu bringen und ihre frisch gespeicherten Inhalte geistig miteinander zu vernetzen? Schnell wird an dieser Stelle offensichtlich, dass man die Gedächtnisentwicklung nur dann wirklich verstehen kann, wenn man weiß, wie Wissen über die Welt in unserem Kopf organisiert ist.

Messung vorsprachlicher Kategorien

Studien mit sehr jungen Säuglingen (zwei Monate) dokumentieren, dass Kinder sich schon früh nicht nur an einen einzelnen Reiz, sondern an eine ganze Kategorie von Reizen gewöhnen können. Zeigt man ihnen mehrere Bilder von unterschiedlichen Exemplaren hintereinander, so reagieren sie auf ein neues Exemplar, das nicht zu den anderen passt, anschließend mit einer Orientierungsreaktion: Ihre Aufmerksamkeit steigt wieder an. Man kann mit solchen Aufgaben auch erfassen, welche Kategorien ein Baby im Alltag als erstes bildet.

Entwicklung von Kategorien

Nach dem bisherigen Stand der Forschung treffen Babys auf inhaltlicher Ebene als erstes eine globale Unterscheidung zwischen *Lebewesen* und *unbelebten Objekten*, lernen etwas später innerhalb der Kategorie der Lebewesen zwischen Menschen und Tieren zu differenzieren, bevor sie gegen Ende des ersten Lebensjahres auch zwischen verschiedenen Tierarten (z. B. Hunden, Katzen, Zebras) unterscheiden. In ähnlicher Weise werden für unbelebte Objekte zunächst grobe Klassen (z. B. Möbel, Fahrzeuge) und später immer feinere Unterkategorien (z. B. Stuhl, Tisch, Bett) gebildet. Zunächst machen Säuglinge also nur grobe Unterschiede zwischen Objektarten und lernen später, innerhalb dieser globalen Klassen feinere Unterscheidungen zu treffen – eine Strategie, die durchaus Sinn ergibt, wenn man gerade erst damit beginnt, die Erfahrungen mit der dinglichen Welt zu ordnen (Pauen, 2002).

Dieses Ergebnis passt auch zu der Beobachtung, dass den Babys im Versuch von Rovée-Collier zunächst egal war, wie die Objekte aussahen, die am Mobile hingen, während sie später genauer darauf achteten und ihr gelerntes Verhalten nur dann abrufen konnten, wenn das Testmobile auch wirklich mit dem Trainingsmobile identisch war.

Sortieren im Kleinkindalter

Ab dem zweiten Lebensjahr finden Kinder Vergnügen daran, Dinge aktiv zu ordnen: Als erstes zeigt sich das daran, dass sie Objekte gleicher Art, die mit anderen zusammenstehen, bevorzugt nacheinander berühren. Wenig später beginnen sie damit, die unterschiedlichen Gegenstände auch räumlich zu ordnen. Jeden Versuch von Kindern, selbstständig Dinge zu sortieren, sollte man unterstützen, weil sich das Kind auf diese Weise eine Übersicht verschafft und selektiv bestimmte Kriterien (z. B. Farbe, Form, Größe) beachtet, um sie für Ähnlichkeitsvergleiche heranzuziehen. Ist das Kind schon gut im Sortieren nach einem bestimmten Merkmal, so kann man es dazu anregen, dieselben Dinge nach einem neuen Merkmal zu ordnen. Das fördert die Flexibilität im Denken. Auch den ganz Kleinen kann man bei der Kategorienbildung helfen, indem man ihnen verschiedene Exemplare aus zwei Kategorien parallel zum Spielen anbietet (z. B. Tiere und Fahrzeuge oder Hunde und Katzen).

Kriterien der Kategorienbildung

Trotzdem bleibt eine wichtige Frage unbeantwortet: Wie kommen die Babys zu ihren ersten Kategorien? Warum unterscheiden sie gerade Lebewesen und unbelebte Objekte? Immerhin sehen sich Menschen, Giraffen, Spinnen und Fische doch nicht besonders ähnlich. Warum werden sie trotzdem einer Kategorie zugeordnet? Wie wir aus verschiedenen Studien wissen, scheint dabei nicht nur das Aussehen eine wichtige Rolle zu spielen, sondern vor allem auch das Verhalten. Schon ab Mitte des ersten Lebensjahres erwarten Säuglinge, dass nur Lebewesen sich von allein bewegen, kommunikatives Verhalten offenbaren und zielgerichtet handeln, während sie von unbelebten Objekten erwarten, dass diese sich in Einklang mit mechanisch-physikalischen Gesetzmäßigkeiten verhalten, also lineare, nicht selbstinitiierte Bewegung zeigen.

Kernwissenshypothese

Um solche Phänomene erklären zu können, haben Spelke und Kinzler (2007) die Kernwissenshypothese aufgestellt. Sie besagt, dass es für bestimmte Bereiche (z. B. Physik, Mathematik, Psychologie) ein angeborenes Wissen gibt, welches im Verlauf des späteren Lebens weiter angereichert wird, ohne sich dabei qualitativ zu verändern.

2.3.4 Zusammenhänge verstehen und Weltwissen aufbauen

Die Welt besteht nicht nur aus Objekten, sondern diese Objekte stehen normalerweise in Beziehung zueinander. Wer Wissen aufbauen möchte, muss daher in der Lage sein, Zusammenhänge zu verstehen und kausal zu denken (Abb. 12). Das hört sich kompliziert an und auf den ersten Blick kann man sich nur schwer vorstellen, dass Babys über entsprechende Fähigkeiten verfügen. Aber auch wenn wir hier über sehr grundlegendes Zusammenhangswissen sprechen und nicht über komplexe Physik oder Mathematik, ist die Leistung, die bereits von wenige Monate alten Säuglingen vollbracht wird, durchaus beeindruckend.

Abb. 12: Zusammenhänge erkennen

Physikalisches Wissen

Kontinuität, Solidität und Kohärenz

Nach bisherigen Erkenntnissen wissen Kinder bereits wenige Wochen nach ihrer Geburt, dass materielle Gegenstände kontinuierlich in Raum und Zeit existieren (Kontinuitätsannahme), also nicht einfach aus dem Nichts auftauchen oder ins Nichts verschwinden. Weiterhin scheint ihnen klar zu sein, dass zwei Objekte nie zur selben Zeit denselben Raum einnehmen können (Soliditätsannahme) und dass sich ein (unbelebter) Gegenstand nicht ohne äußere Krafteinwirkung plötzlich teilt oder mit einem anderen verschmilzt (Kohärenzannahme). Für Erwachsene erscheinen diese Erkenntnisse selbstverständlich, aber ob das auch auf Säuglinge zutrifft, wusste man lange Zeit nicht.

Gleichzeitig ist entsprechendes Wissen ohne jeden Zweifel für den Aufbau von geistigen Vorstellungen (und damit für die Denkentwicklung) notwendig: Nur wenn das Kind davon ausgehen kann, dass ein Gegenstand kontinuierlich existiert, kann es erwarten, ihn am selben Platz wiederzufinden. Objektpermanenz wäre also ohne Kernwissen in der Physik gar nicht möglich.

Weiterhin ist die Soliditätsannahme wichtig, um zu verstehen, dass ein Objekt, das sich auf ein anderes Objekt zubewegt, mit diesem kollidieren wird und nicht einfach geisterhaft durch es hindurchgleiten kann. Und schließlich würden Säuglinge die Welt als höchst instabil wahrnehmen, wenn sich Objekte ohne ersichtlichen Grund plötzlich teilen oder miteinander verschmelzen würden. Wie sollten die Kinder dann überhaupt wissen, was ein Objekt ausmacht?

Kontakt- und Trägheitsprinzip

Ebenso gehört zum Kernwissen, dass unbelebte Gegenstände nur durch äußere Kräfte in Bewegung versetzt werden können (Kontaktprinzip) und sich anschließend auf einer geradlinigen Bahn bewegen (Trägheitsprinzip). Dieses Wissen ist entscheidend, um Bewegungen vorhersagen und die eigene Motorik darauf einstellen zu können.

Hier zeigt sich, wie die Kategorisierung von Lebewesen und unbelebten Objekten mit dem physikalischen Kernwissen zusammenhängt: Wenn ein Objekt sich von allein in Bewegung setzt oder auf einer non-linearen Bahn bewegt, dann ist das für das Kind ein wichtiger Hinweis auf seine Belebtheit. Ohne das physikalische Kernwissen aber könnte es diesen Hinweis gar nicht nutzen. Wie bereits festgestellt wurde, bleibt Kernwissen über das ganze Leben hinweg bestehen. Es wird nicht überschrieben oder ausgelöscht, sondern differenziert.

Wissen über Schwerkraft

Renee Baillargeon (2008) hat gezeigt, wie sich das Wissen über Schwerkraft entwickelt: Anfangs erwartet das Baby, dass Objekte immer dann zu Boden fallen, wenn sie keinen Kontakt zu einem anderen Gegenstand haben. Diese Erwartung gehört ebenfalls zum physikalischen Kernwissen. Wie der Kontakt genau aussieht, ist dem Baby dabei zunächst egal. Ein drei bis vier Monate altes Kind weiß noch nicht, dass der Gegenstand oben aufliegen muss. In seiner Vorstellung kann das Objekt auch nur seitlich mit einem zweiten in Kontakt stehen und trotzdem nicht zu Boden fallen. Uns Erwachsenen ist bewusst, dass das nur funktionieren würde, wenn es dort mit Kleber oder auf andere Weise befestigt wäre bzw. durch eine andere Kraft (z. B. Magnetismus) gehalten würde, aber für Babys gilt das noch nicht. Mit vier bis fünf Monaten erwarten Säuglinge, dass der Gegenstand oben aufliegt, wobei ihnen noch immer nicht klar ist, wie groß die Auflagefläche im Verhältnis zur Fläche sein muss, die über den Rand hinausragt, damit das Objekt fällt bzw. liegen bleibt. Mit ca. zwölf Monaten verstehen die Kinder dann sogar, dass sie darauf achten müssen, wo genau sich der Schwerpunkt des aufliegenden Gegenstandes befindet.

Nach Baillargeon differenziert sich das angeborene Kernwissen im Bereich der Physik also, indem Kinder zunächst lernen, kritische Variablen zu identifizieren (im oben genannten Beispiel: relative Position und Ausmaß des Kontaktes von Objekten). Später achten sie dann verstärkt auf die Folgen von graduellen Veränderungen dieser kritischen Variablen (z. B. Wie weit wird das Objekt über den Rand geschoben?).

Will man die Denkentwicklung eines Kindes unterstützen, sollte man als erstes genau beobachten, wofür sich das Kind gerade besonders interessiert: Lässt es einfach nur Klötzchen aus dem Hochstuhl fallen, um zu sehen, was passiert? Will es schon herausfinden, wie weit es ein Klötzchen über eine Kante schieben kann, bevor dieses fällt, oder achtet es gerade darauf, welchen Einfluss die Form des aufliegenden Gegenstandes darauf hat, ob er herunterfällt oder nicht?

Mathematisches Wissen

diskreter Mengensinn

Ähnlich wie im Bereich der Physik vermuten wir auch in der Mathematik, dass Neugeborene über einen angeborenen Mengensinn verfügen. Studien belegen, dass schon Säuglinge Mengen von eins, zwei, drei und vier Objekten auf einen Blick unterscheiden können. Zeigt man Kindern zunächst eine kleine Anzahl von Objekten, verdeckt sie anschließend mit einem Wandschirm, und es sind nach Entfernung des Wandschirms mehr oder weniger Objekte zu sehen als vorher, so wundern sich die Kinder und zeigen eine auffällige Orientierungsreaktion.

Ähnliche Beobachtungen lassen sich machen, wenn man Babys an eine bestimmte Menge von Punkten gewöhnt, indem man ihnen Bildkarten mit gleicher Punktzahl präsentiert, aber die Größe und Position der Punkte auf verschiedenen Karten jeweils variiert. Lässt die Aufmerksamkeit der Babys nach, weil sie erkennen, dass die Anzahl der Punkte immer gleich bleibt, so steigt sie wieder an, wenn anschließend eine neue Karte präsentiert wird, auf der sich ein Punkt mehr oder weniger befindet als zuvor.

Auch intermodal scheint der angeborene Mengensinn zu funktionieren. Hört das Kind eine bestimmte Anzahl von Tönen und sieht parallel dazu eine Bildkarte mit einer bestimmten Anzahl von Punkten, so schaut es länger auf das Bild, wenn die Anzahl der Töne nicht zur Anzahl der gezeigten Punkte passt. Alle diese Aussagen gelten aber nur für überschaubare Mengen von bis zu vier einzelnen Gegenständen. Hier scheint eine magische Grenze der Mengenerfassung zu liegen, solange die Kinder noch nicht zählen können.

kontinuierlicher Mengensinn

Weil Mengen nicht immer aus zählbaren Einheiten bestehen, sondern manchmal auch kontinuierlich sind (z. B. Sand, Wasser), stellt sich die Frage, ab wann Kinder merken, dass eine kontinuierliche Menge größer oder kleiner als die andere ist. Auch hier erweisen sich bereits die Kleinsten als erstaunlich kompetent. Sie können Größenunterschiede erkennen, wenn eine Fläche mindestens doppelt so viel Raum einnimmt wie eine zweite. Bei kleineren Unterschieden (Verhältnis 2:3, 3:4 etc.) versagen sie zunächst.

Werden zählbare Einheiten in größeren Mengen (mehr als fünf) präsentiert, so wechseln die Kinder vom diskreten zum kontinuierlichen Mengensinn und schätzen das Verhältnis der beiden Mengen ein. Die intuitive Erfassung von Mengen wird auch als Subitizing bezeichnet. Das Subitizing gehört zum angeborenen mathematischen Kernwissen von Kindern.

Zählen

Im zweiten und dritten Lebensjahr entwickelt sich die Fähigkeit zum echten Zählen. Das ist eine recht komplizierte Angelegenheit, denn das Kind braucht dafür unterschiedliche Kompetenzen: Zunächst muss es die Zahlenwörter kennen und in der richtigen Reihenfolge aufsagen können (Abfolgeprinzip). Außerdem muss es verstehen, dass eine Zahl kein Name ist, der fest einem Objekt zugeordnet werden kann. Des Weiteren muss es begreifen, dass jedem Objekt nur genau ein Mal ein Zahlenwort zugeordnet werden darf (Eins-zu-eins-Prinzip), wobei die Reihenfolge, in der die Eins-zu-Eins-Zuordnung erfolgt, egal ist (Variabilitätsprinzip). Die letzte Zahl, die genannt wird, wenn alle Gegenstände zugeordnet sind, entspricht der Gesamtanzahl (Kardinalsprinzip).

Wie diese Ausführungen zeigen, besteht vieles, was uns selbstverständlich erscheint, für die Kleinen zunächst aus einer ganzen Reihe von Regeln, die erst entschlüsselt und dann gleichzeitig beachtet werden müssen (Pahnke & Pauen, 2012).

mathematisches Denken

Wie lässt sich das mathematische Denken bei Kleinkindern unterstützen? Es ist wichtig, die verschiedenen Teilkompetenzen, die zum Zählenlernen gehören, einzeln zu üben. Dabei sollten kleine Zahlenmengen (bis vier) so oft benannt werden, bis das Kind das Konzept der Zahl / Anzahl versteht. Die Zahlennamen und -reihen können gut mit Liedern, Reimen und Fingerspielen geübt werden, das Eins-zu-eins-Zuordnen von Zahlen zu Gegenständen später beim Verteilen von Süßigkeiten, beim Tischdecken, Treppensteigen oder beim Brettspiel immer wieder thematisieren. Parallel dazu können auch die Zahlensymbole eingeführt werden, damit das Kind die Zeichen kennenlernt, die für bestimmte Mengen stehen. Aber auch hier gilt der generelle Grundsatz: Wer möchte, dass das Gras wächst, darf nicht daran ziehen! Das Kind kann eine entsprechende Anregung erst aufgreifen, wenn es dazu bereit ist. Die wenigsten Kinder lernen bereits im ersten oder zweiten Jahr das Zählen. Vielleicht können sie schon früher die Zahlenreihe aufsagen, aber wirkliches Zählen ist erst möglich, wenn auch die anderen Teilkompetenzen erworben wurden.

Psychologisches Wissen

Auf die Entwicklung des psychologischen Wissens gehen wir an dieser Stelle nur kurz ein, weil sie im Kapitel „Soziale Entwicklung" noch ausführlich zur Sprache kommt. An dieser Stelle ist es jedoch interessant zu erwähnen, dass alles psychologische Wissen in der Unterscheidung von Lebewesen (belebten) und unbelebten Objekten begründet liegt. Babys erwarten, dass sich Lebewesen von allein und zielgerichtet bewegen, was voraussetzt, dass der „Motor" für diese Bewegung in ihnen selbst liegt.

Noch während des ersten Lebensjahres wird Babys klar, dass Menschen (und andere Lebewesen) zielgerichtet handeln. Reagiert das Gegenüber gut abgestimmt und zeitnah auf ihr eigenes Verhalten, so werden ihm dabei auch kommunikative Absichten unterstellt. Mit diesem psychologischen Kernwissen ausgestattet entwickeln sich Säuglinge schon bald zu echten Expert:innen für das Verhalten ihrer Bezugspersonen.

frühe soziale Kompetenzen

Sie lesen Gesichtsausdrücke und sind zu einem regen Austausch auch ohne Worte in der Lage. Weiterhin nutzen sie das Blickverhalten ihres Gegenübers als Hinweisgeber, um herauszufinden, wo sich interessante Dinge in der Umgebung befinden, und zeigen gegen Ende des ersten Lebensjahres Blickfolgeverhalten. Besonders leicht lernen sie etwas über die Welt, wenn sie zuvor von einer anderen Person angesprochen, angelächelt und angeschaut wurden. Dann sagt ihnen dies: Jetzt will mir mein Gegenüber etwas „sagen" (Wissen vermitteln).

geteilte Aufmerksamkeit

Schon gegen Ende des ersten Lebensjahres können sie ihre Aufmerksamkeit zusammen mit ihrem Gegenüber auf ein Objekt richten und gleichzeitig die Absicht der Person sowie den Gegenstand der gemeinsamen Betrachtung geistig repräsentieren – eine Fähigkeit, die in der Fachwelt „Joint

Attention" (gemeinsame Aufmerksamkeit) genannt wird und die für den Spracherwerb äußerst wichtig ist, weil es sehr häufig vorkommt, dass ein Erwachsener auf einen Gegenstand schaut und diesen für das Kind benennt. Wir kommen später im Kapitel zur sozialen Entwicklung (Kap. 2.6) noch einmal darauf zurück.

falsche Überzeugungen verstehen

Schon mit einem Jahr wundern sich Kinder, wenn eine Person nicht in Übereinstimmung mit ihren Zielen handelt (sich etwa für ein Objekt interessiert, aber dann nach einem anderen greift). Mit frühestens eineinhalb Jahren verstehen sie in ersten Ansätzen, dass eine andere Person falsche Überzeugungen haben kann und entsprechend dieser Überzeugungen handelt, obwohl für das Kind klar ist, dass die betreffende Handlung nicht zum Ziel führen wird (z. B. wenn die andere Person ein Objekt dort sucht, wo sie es als letztes gesehen hat, und nicht dort, wo es sich inzwischen befindet, weil es von jemand anderen dorthin gelegt wurde). Dieses Verständnis falscher Überzeugungen setzt bereits recht differenziertes psychologisches Denken voraus (Marinovic & Pauen, 2012) Es entwickelt sich noch maßgeblich bis zum vierten / fünften Lebensjahr weiter.

psychologisches Wissen

Möchte man psychologisches Denken voranbringen, so scheint vor allem wichtig, dass man selbst klar interpretierbares und berechenbares Verhalten zeigt. Passen Stimme und Gesichtsausdruck oder Körpersprache nicht zusammen oder zeigt man allgemein wenig emotionalen Ausdruck, so wird es für die Kleinen schwer, Signale richtig zu entschlüsseln. Begegnet man dem Kind oft mit gleichgültiger oder grimmiger, abweisender Haltung, so wird das Kind schon bald lernen, den Kontakt zu vermeiden, was dazu führt, dass ihm wichtige Lerngelegenheiten im sozialen Bereich fehlen. Ein freundlicher Blick und ein offenes Lächeln wirken hingegen einladend und steigern das natürliche Kommunikationsbedürfnis des Kindes. Möchte man Kindern Wissen über die Welt vermitteln, ist es ratsam, dass man zunächst einen guten Blickkontakt zu ihnen aufbaut und anschließend gezielt ihre Aufmerksamkeit auf den Umweltaspekt lenkt, über den man Wissen vermitteln möchte. Solche intuitiven pädagogischen Hinweisreize führen am ehesten zu geteilter Aufmerksamkeit und die wiederum ist der entscheidende Schlüssel zum gemeinsamen Lernen.

2.3.5 Probleme lösen

Bisher wurde darauf eingegangen, wie das Kind seine Erfahrungen speichert und ordnet, Zusammenhänge erkennt und Weltwissen aufbaut. Menschen haben darüber hinaus aber auch noch eine Eigenschaft, die nur wenige Tiere mit ihnen teilen: Sie können selbstständig Probleme lösen. Diese Fähigkeit entwickelt sich früh, wenn auch zunächst mit Anlaufschwierigkeiten. Wie wir gezeigt haben, bauen Säuglinge ihr Weltwissen weit genug aus, um sich über Ursachen und Wirkungen Gedanken machen zu können. Das Problemlösen geht jedoch noch einen Schritt weiter. Nun werden Wissensinhalte so kombiniert, dass ein Ziel erreicht werden kann, für das es aus Sicht des Kindes zunächst keinen Lösungsweg gibt.

Mittel-Ziel-Analysen durchführen

Angenommen, das Kind möchte gerne an ein Spielzeug kommen, das außerhalb seiner Reichweite auf einem Tischtuch liegt. Es kann dieses Problem lösen, indem es am Tischtuch zieht, aber es wird das nur dann gezielt tun, wenn es bereits geistig repräsentieren kann, was daraufhin passiert. Entsprechendes Mittel-Ziel-Verhalten kann man bereits ab Anfang des zweiten Lebensjahres beobachten.

Gegen Ende des zweiten Lebensjahres, wenn das Gedächtnis für mehrschrittige Handlungen, die Kategorisierungsfähigkeit und das kausale Wissen ebenfalls weiterentwickelt sind, können auch komplexere Probleme in Angriff genommen werden. So können die Kleinen nun lernen, Objekte als Werkzeuge zu nutzen, um an ihr Ziel zu gelangen (z. B. sich eine Kiste zu holen und darauf zu klettern, um an eine auf dem Regal stehende Dose mit Süßigkeiten zu gelangen). Bei der Übertragung von Wissen auf neue Situationen sind sie allerdings oft noch überfordert, weil sie nur schwer identifizieren können, welches Wissen entscheidend ist, um das gegebene Problem zu lösen. Dennoch kann man schon jetzt beobachten, dass Kinder, die mit einem Lösungsansatz nicht weiterkommen, neue Strategien ausprobieren. Dabei spielt ihre Fähigkeit, sich Dinge und Abläufe vorstellen zu können, eine wichtige Rolle.

Problemlösefähigkeit

Bei der Unterstützung der Problemlösefähigkeit von kleinen Kindern ist vor allem Zurückhaltung gefragt. Oft brauchen junge Kinder länger, um die richtige Lösung zu finden, und es ist wenig nützlich, wenn Erwachsene zu früh einschreiten. Viel hilfreicher ist es, sich mit dem Kind auf eine Ebene zu stellen und das ungelöste Problem als spannende Herausforderung zu vermitteln oder (zur Vermeidung von Frust) nur indirekte Hinweise auf mögliche Lösungswege oder -werkzeuge zu geben. Entscheidend ist, dass die Lösung vom Kind selbst entdeckt wird, denn das vermittelt Selbstvertrauen und motiviert dazu, sich dem nächsten Problem auch wieder zu stellen.

Pauen, S. (2007). Was Babys denken (2. Aufl.). München: Beck-Verlag

Goswami, U. (2001). So denken Kinder. Einführung in die Psychologie der kognitiven Entwicklung. Göttingen: Hogrefe.

1 Wie lernen Kinder, Objekte zu repräsentieren und zu kategorisieren?

2 Mit welchem Kernwissen in den Bereichen Physik, Mathematik und Psychologie werden Säuglinge geboren?

3 Wie beeinflussen sich Wahrnehmung und Denken wechselseitig?

2.4 Spracherwerb

Sprache ist für Menschen eine Kommunikationsform von zentraler Bedeutung – sie ist humanspezifisch und biologisch fundiert. Wir alle werden mit der Fähigkeit geboren, jede beliebige Sprache dieser Welt zu erlernen. Damit sich Sprache optimal entwickeln kann, müssen innere Voraussetzungen des Kindes und äußere Faktoren (z.B. eine interagierende Bezugsperson) mit dem Ziel einer bestmöglichen Passung zusammenwirken (Weinert & Grimm, 2018). Kinder erwerben das komplexe formale und bedeutungsbezogene Regelsystem der jeweiligen Muttersprache oder gar mehrerer Sprachen nebeneinander (Mehrsprachigkeit) scheinbar mühelos. Zugleich erweist sich Sprache aber auch als störanfällig und Beeinträchtigungen des Spracherwerbs gehören zu den häufigsten Entwicklungsstörungen (Grimm, 2012). Bei Kindern ohne Sprachstörungen zeigen sich schon frühzeitig soziale Unterschiede im Spracherwerb (Weinert & Ebert, 2013). Eingedenk der außerordentlichen Bedeutung von Sprache und Spracherwerb für die kindliche Entwicklung ist daran eine besondere Herausforderung für die pädagogische wie auch sprachtherapeutische Praxis geknüpft.

2.4.1 Spracherwerb als Entwicklungsaufgabe

Der Spracherwerb ist eine zentrale Entwicklungsaufgabe im (frühen) Kindesalter und ein Sammelbegriff für unterschiedliche Erwerbstypen. Der Schwerpunkt dieses Kapitels liegt auf dem monolingualen ungestörten Spracherwerb. Dies stellt eine Vereinfachung bzw. Verkürzung dar, denn weitere Spracherwerbstypen sind durchaus verbreitet. In Deutschland sind insbesondere der bilinguale Erstspracherwerb und der frühe Zweitspracherwerb besonders häufig anzutreffen. Zwei- bzw. Mehrsprachigkeit ist in unserer globalisierten Welt nichts Ungewöhnliches. In der Regel profitieren Kinder von einer mehrsprachigen Erziehung. Können Kinder nicht zweisprachig im Elternhaus aufwachsen, ist es wichtig, ihnen ausreichend Kenntnisse der Umgebungs- bzw. Bildungssprache außerhalb der Familie (früher Zweitspracherwerb) zu ermöglichen. Defizite in diesem Bereich führen sonst leicht zu einer Bildungsbenachteiligung, die möglichst früh (präventiv) verhindert werden sollte. Kany und Schöler (2007) bezeichnen den Spracherwerb als einen robusten Vorgang, „der auch unter weniger optimalen Entwicklungsvoraussetzungen und -bedingungen meistens normal verläuft" (S. 24). Bei etwa 5–10 % aller Kinder eines Jahrgangs treten Sprachentwicklungsauffälligkeiten auf, was zeigt, dass der Spracherwerb (bei monolingualen und/oder mehrsprachigen Kindern) nicht grundsätzlich problemlos erfolgt und nicht immer auf eine altersentsprechende Sprachbeherrschung hinausläuft. Die von den Kindern zu bewältigende Entwicklungsaufgabe ist vielschichtig und beinhaltet unterschiedliche Teilfertigkeiten, die auf den einzelnen Sprachebenen erlernt werden müssen.

Sprachverstehen und Sprachproduktion

In erster Linie geht es darum, Verstehens- und Produktionsfertigkeiten aufzubauen. Sprachwahrnehmung und Sprachverstehen gehen der Produktion sprachlicher Äußerungen voraus. Letztere werden verstanden, bevor sie produziert werden können. Der Erwerb der Sprache verläuft auf unterschiedlichen Ebenen parallel. Zur Verdeutlichung der Komplexität der Erwerbsaufgabe und ihrer Bestandteile werden die Komponenten der Sprache, die erworben werden müssen, im Folgenden skizziert:

1 **Prosodie** (Rhythmik von Spracheinheiten): Betonungs- und Dehnungsmuster sowie Höhenkonturen sprachlicher Äußerungen (Wort- und Satzakzent, Sprachrhythmus, -melodie und -tempo, Intonation von Spracheinheiten) sind je nach Sprachfamilie unterschiedlich und geben Hinweise auf die formale Gliederungsstruktur des Sprachangebots.

2 **Phonologie** (Funktion von Lauten innerhalb der Sprache): Hinsichtlich der Lautstruktur der Sprache muss gelernt werden, welche Lautkategorien in der jeweiligen Muttersprache mit Unterschieden in der Bedeutung verbunden sind (Phoneme wie Frau – grau) und nach welchen Regeln sie kombiniert werden dürfen.

3 **Semantik** (Wortbedeutung) und **Lexikon** (Wortschatz) sind eng mit der allgemeinen kognitiven Entwicklung verknüpft – Wortverständ-

nis setzt Wissen voraus. Es gibt keine Vorgaben, wie viele und welche Wörter zu erlernen sind, daher ist diese Entwicklungsaufgabe schwer eingrenzbar. Insbesondere in diesem Bereich des Spracherwerbs beschreiten Kinder unterschiedliche Wege.

4 **Grammatik**: Grammatische Fähigkeiten lassen sich nach **Morphologie** (Wortbildung) und **Syntax** (Satzbildung bzw. die Kombination von Wörtern zu Sätzen) unterscheiden. Syntaktische (Wortstellung) und morphologische Mittel bzw. Regeln (Wortformen) der jeweiligen Zielsprache sind zu erlernen.

5 **Pragmatik** (Sprechhandeln): Zentral ist auch die situativ und kommunikativ angemessene Nutzung der Sprache. In diesem Zusammenhang sind das Verständnis sozialer Normen im Rahmen von Konventionen der Anrede (Sie, Du) und das situationsangepasste Sprechen (z. B. Wortwahl im Austausch mit anderen Kindern vs. Erwachsenen), aber auch direkte und indirekte Sprechhandlungen (z. B. „Es zieht!" (indirekt) oder „Mach doch bitte das Fenster zu!" (direkt)), ein Verständnis für Ironie, Humor und Metaphern sowie die Produktion unterschiedlicher Sprechhandlungen (Fragen, Bitten, Auffordern usw.) bedeutsam.

In dem Wasserfall von Tönen, die aus dem Mund von Interaktionspartner:innen strömen, sind alle diese Komponenten der Sprache versteckt. Sie müssen von den Kindern entdeckt bzw. herausgehört werden. Der lange Strom der vom Säugling wahrgenommenen Stimm-Geräusche stammt aus einem Vorrat von bis zu 150 verschiedenen Lauten (Phonemen), aus denen alle Sprachen dieser Welt aufgebaut sind; jede Sprache nutzt einen bestimmten Teil davon. Wo hört ein Wort auf, wo fängt ein neues an? Welche Wortarten gibt es? Wie werden sie zusammengesetzt? Was ist dabei erlaubt und was verboten? Wie wird betont? Und schließlich: Was bedeutet ein Wort genau und in welchem Zusammenhang wird es benutzt? Obgleich dem Kind niemand diese Fragen direkt beantwortet, wird es im Alter von vier Jahren die meisten dieser Rätsel beinahe perfekt gelöst haben und sprechen können. Wie gelingt das?

2.4.2 Meilensteine beim Spracherwerb

Die verschiedenen Sprachebenen entdecken Kinder in einer bestimmten Abfolge. Man kann diesen Prozess im Sinne einer Kette von Meilensteinen, die das Kind nach und nach erreicht, beschreiben. Grundlagen dieser Entwicklung sind ein normal entwickeltes Hörvermögen, eine gesunde Stimme (intakter Vokaltrakt) und diverse sprechmotorische Voraussetzungen.

Zunächst spielen beim Erwerb die Ebenen von Prosodie und Phonologie eine wichtige Rolle. Die Lösung der Entwicklungsaufgabe auf diesen beiden Ebenen stellt die Grundlage für den Erwerb von Wörtern (Semantik und Lexikon), Wortformen, Wortbildungen und Wortzusammensetzungen (Morphologie) sowie die Bildung und das Verstehen von Sätzen und Satzstrukturen (Syntax) bis hin zur Verwendung von Sprache in unterschiedlichen Kontexten (Pragmatik) dar. Kann ein Kind Laute nicht gut unterscheiden, so wird es ihm auch schwerfallen, Worte richtig zu verstehen. Ohne Wortverständnis kann es keine Grammatik erlernen.

Die ersten 10 bis 13 Monate, bevor Kinder erste Worte sprechen, werden „prälinguistische Phase" genannt, weil das Kind noch nicht selbst sprechen kann, aber bereits sein Sprachverständnis schult. Die ersten fünf Monate dieser Phase umfassen das „Vorsilbenalter", die Zeit zwischen dem sechsten und dem zwölften Monat wird als „Silbenalter" bezeichnet. Was es damit auf sich hat, erläutern die nachfolgenden Abschnitte.

Geburt – Sensitivität für Sprache

Wie bereits in Kapitel 2.2. erwähnt, beginnt die Sprachentwicklung bereits vor der Geburt. Der Fötus ist in der Lage, auditive Reize wahrzunehmen und zu verarbeiten (Hören). Bereits wenige Tage alte Kinder zeigen eine besondere Hinwendung zu sprachlichen Reizen (phonologisch relevanten Lautkontrasten). Experimente belegen, dass Neugeborene menschliche Stimmen gegenüber anderen akustischen Reizen (z. B. Geräuschen oder Musik) und die Stimme der Mutter gegenüber anderen Stimmen bevorzugen. Die besondere sprachliche Sensitivität wird vor allem daran ersichtlich, dass sie die Sprache der Mutter anderen Sprachen vorziehen (Kap. 2.2).

Experimente von Mehler et al. (1988) zur Sprachwahrnehmung im Säuglingsalter

Vier Tage alten Säuglingen wurde Französisch, die Sprache ihrer Mutter, und die sich in rhythmischer Hinsicht sehr unterscheidende russische Sprache angeboten. Anhand der Veränderungen der Saugfrequenz ließ sich erkennen, dass die Säuglinge beide Sprachen unterschieden und außerdem die Sprache ihrer Mutter bevorzugten, während sie zwischen verschiedenen Fremdsprachen nicht differenzieren konnten. Ein weiteres Experiment brachte den entscheidenden Hinweis darauf, dass die prosodischen Eigenschaften der Sprache diese Effekte erklären können (Mehler et al., 1988; Nazzi et al., 1998): Wurde das Sprachangebot gefiltert eingespielt, sodass zwar die prosodischen

Eigenschaften (Wortbetonung, Satzintonation) wahrnehmbar blieben, nicht jedoch die Qualität der einzelnen Segmente (Laute und Silben), zeigten die untersuchten Kinder die gleichen Reaktionen wie im ersten Experiment. Säuglinge erkennen die typischen prosodischen Charakteristika somit erstaunlich früh. Im Verlauf der ersten Wochen verfeinern Säuglinge ihre Fähigkeit, Stimmen und Sprachmelodien zu unterscheiden.

Geburtsschrei

Die erste hörbare Äußerung eines Kindes ist der Geburtsschrei. Schreien bleibt für einige Monate ihr stärkstes Ausdrucksmittel. Die Natur hat ihnen damit ein äußerst wirkungsvolles Mittel an die Hand gegeben, ihre Umwelt auf sich aufmerksam zu machen. Interessanterweise schreien neugeborene deutschsprachige Babys mit anderer Betonung als Babys aus Frankreich, sodass sich heute vermuten lässt, dass sie auch in der eigenen Lautproduktion von Anfang an die Prosodie der Umgebungssprache berücksichtigen. Obgleich Neugeborene den Inhalt der Wörter noch nicht verstehen können, sprechen Eltern bzw. Bezugspersonen von Anfang an mit ihnen. Das ist wichtig, denn die Sprachentwicklung des Kindes hängt maßgeblich von der Quantität des sprachlichen Inputs der Bezugspersonen und dessen Qualität ab.

differenziertes Schreien

Im Laufe der ersten Wochen entwickeln sich Unterschiede im Schreiverhalten der Säuglinge, die bereits unterschiedlichen Informationsgehalt haben: Schreien bei Hunger klingt anders als bei Müdigkeit. Auch Schmerz wird durch eine andere Art des Schreiens zum Ausdruck gebracht. Es hängt von der Feinfühligkeit der Bezugspersonen ab, diese Unterschiede in den Bedürfnislagen des Kindes wahrzunehmen und zeitnah adäquat darauf zu reagieren.

Ammensprache

Säuglinge mögen menschliche Stimmen, insbesondere die höhere Tonlage der sogenannten Ammensprache (Baby-Talk) von Geburt an. Ammensprache ist eine besondere Art und Weise, mit der Erwachsene kulturunabhängig sehr kleine Kinder intuitiv richtig ansprechen. Sie ist gekennzeichnet durch eine höhere Stimmlage, eine ausgeprägte Sprechmelodie, kurze Sätze, häufige Wiederholungen, gedehnte Selbstlaute (a, e, i, o, u) und Lautmalereien (Onomatopoesie) (dei-dei-die, tsch-tsch, tic-tac, klick-klack). Säuglinge reagieren auf den Tonfall der Ansprache und die Bezugspersonen passen ihr Verhalten der Befindlichkeit des Säuglings an. Eine tiefere, fallende Sprechmelodie wirkt eher beruhigend, während eine steigende bzw. erst steigende, dann fallende Sprechmelodie die Aufmerksamkeit erregt. Säuglinge lernen, dass bestimmte Sprachmelodien zu bestimmten Empfindungen des eigenen Körpers gehören, damit wird die Basis für Sprachverstehen gelegt. Das Verhalten (Gesichtsausdruck, Körperbewegungen und Sprechweise) der Bezugspersonen wirkt mitunter übertrieben. Wegen der noch eingeschränkten Aufnahme- und Ausdrucksmöglichkeiten eignet sich aber genau diese Art zu sprechen sehr gut für die Kommunikation mit Säuglingen. Sie wirkt wie ein Verstärker verbaler Signale.

Vokalisation

Etwa zwischen der sechsten und achten Lebenswoche beginnen Säuglinge neben dem Schreien auch andere stimmliche Laute (Vokalisation als Vorform der späteren Sprachlaute) von sich zu geben, die bei Kindern aller Sprachen und Kulturen zu beobachten sind (z. B. Gurrlaute wie ngä, ngrr). Selbst gehörlose Kinder produzieren solche Laute, die zunächst zufällig durch Muskelbewegungen in Mund, Hals und Kehlkopf entstehen, aber später gezielt produziert werden können. Aus den zufälligen Bewegungen der Mund-, Zungen- und Rachenmuskulatur werden kontrollierte Bewegungen. Säuglinge verwenden in ihren wachen Phasen viel Zeit und Mühe darauf, Möglichkeiten der Vokalisation auszuprobieren, zu wiederholen und unermüdlich zu variieren – ihre Funktionslust ist groß.

Dialog-Vokalisation

Auf die ersten Vokalisationen als Zeichen für Fortschritte des Säuglings in der Sprachentwicklung reagieren Bezugspersonen automatisch mit einer passenden Verhaltensänderung: Sie tun so, als ob der Säugling tatsächlich etwas sagen würde, und „antworten" darauf – der Austausch wird zum spannenden Dialog, lange bevor Wörter und Sätze beherrscht werden. Antworten der Bezugspersonen bestehen meist aus Imitationen oder einer Variation dessen, was der Säugling produziert hat. Ein ausgewogenes Gleichgewicht zwischen Wiederholung (Bekanntem), Abwandlung und Neuem passt zu den Möglichkeiten kindlicher Aufmerksamkeit. Bei hinreichender Vertrautheit wird gerade so viel Neues geboten, dass die Aufmerksamkeit erregt wird. Im Rahmen der kleinen Dialoge achtet das Kind immer mehr auf den Mund und die Lippenbewegungen seines Gegenübers. Sprechen auf Augenhöhe ist daher wichtig. Das Kind beginnt zu verstehen, dass Mundbewegungen und Sprechen zusammenhängen. Es hat inzwischen auch gelernt, dass bestimmte Sprachmelodien, mit denen es angesprochen wird, Zusammenhänge mit seiner eigenen Befindlichkeit aufweisen. So haben Bezugspersonen häufig eine tröstende Stimme, wenn es dem Kind nicht gut geht. Um den dritten Lebensmonat herum suchen Säuglinge aktiv mit den Augen nach Schallquellen, schon ca. einen Monat später drehen sie sogar den Kopf in Richtung der Schallquelle (Kap. 2.2).

Silben bilden

Der Erwerb prosodisch-phonologischen Wissens erlaubt es Kindern bereits ab dem vierten Lebensmonat, ihren Namen im Lautstrom der Umweltsprache zu erkennen. Das Experimentieren mit den ersten Lauten führt dazu, dass die Stimme nun auch zum Lachen und Jauchzen genutzt wird. Plötzliche oder heftige Reize können Auslöser sein (z. B. spielerisches Erschrecken, Kitzeln oder schmatzende Kussgeräusche auf Hand oder Bauch). Das Spielen mit stimmlichen Lauten wird weiter fortgesetzt, durch die erzeugten Vokalisationen macht der Säugling auf sich aufmerksam, „plappert" aber auch gerne für sich allein. Nicht alle Kinder setzen ihr Stimmtraining der letzten Monate fort, manche legen in dieser Zeit eine Pause ein und lassen eher weniger von sich hören. In diesen Monaten zeigt sich, wie unterschiedlich Kinder sich in sprachlicher Hinsicht entwickeln können.

kanonisches Lallen

Durch Bewegungen der Mundmuskulatur (Lippen, Wangen und Zunge) entstehen bald neue Laute, die den Konsonanten der Umgebungssprache mehr und mehr ähneln. Kinder beginnen nun, die verschiedenen Laute zu verbinden und erste Silben zu formen (auch kanonisches Lallen genannt). Dabei produzieren sie keine Einzelsilben, sondern reihen die Silben (Konsonant-Vokal-Silben) aneinander (baba, dada). Das ist der Beginn der zweiten Lallphase. Die Silbenketten werden in Tonhöhe oder Lautstärke variiert. Gehörlose Kinder produzieren keine Lallsequenzen.

Assoziationen bilden

Kinder lernen die Regelmäßigkeiten (wiederkehrende Alltagsabläufe) ihrer Umgebung immer besser kennen und bringen sie mit bestimmten Sprechmelodien sowie Geräuschen in Verbindung. Die Umgebungssprache wird mit Umgebungsereignissen verbunden, nicht mehr ausschließlich mit der eigenen Befindlichkeit. Bestimmte Äußerungen und Wörter, die Bezugspersonen z. B. beim Füttern, Wickeln und Zu-Bett-Bringen wiederholt gebrauchen, werden dem Kind vertraut. Es versteht noch keine einzelnen Wörter oder Sätze, sondern verbindet vielmehr verschiedene Eindrücke zu einem Gesamteindruck (z. B. bestimmte Gerüche, Geräusche und Handlungen mit der Vorbereitung Zu-Bett-Bringen).

Neben dem Blickkontakt als Zeichen für wechselseitige Aufmerksamkeit achten Kinder mehr und mehr auf den Gesichtsausdruck ihres Gegenübers. Sie sind zunehmend besser in der Lage, freundliche von betrübten oder ärgerlichen Gesichtsausdrücken zu unterscheiden und bringen diese mit dem Tonfall der Stimme der Bezugsperson in Verbindung. Das Sprechen bei Handlungen und Ereignissen, die das Kind mit der Bezugsperson erlebt, ist sehr wichtig. In der Regel passen sich Bezugspersonen automatisch den wachsenden Fähigkeiten des Kindes an. Durch die sprachliche Kommentierung des eigenen Tuns oder die vokale Beschäftigung des Kindes sammelt das Kind täglich viele sprachliche Erfahrungen, die es für den weiteren Sprachaufbau benötigt.

Inzwischen hat sich das Greifen so weit entwickelt, dass Gegenstände zwischen den Händen gedreht, gewendet und zum Mund geführt werden können (Kap. 2.1). Damit erweitert sich das Interesse des Kindes auf Gegenstände und Spielzeuge. Das Sehen richtet sich nun auch auf die weitere Umgebung und das beginnende Sitzen ermöglicht neue Blickwinkel auf die Welt (Kap. 2.2). Unbewusst stellen sich Bezugspersonen darauf ein: Wurden Kinder bisher eher in einer Art und Weise getragen, die es erlaubte, leicht Blickkontakt aufzunehmen, werden die Kinder nun häufiger so gehalten, dass sie sich die Umgebung anschauen können. Ihnen werden Dinge kommentierend gezeigt, indem mit dem Finger darauf gedeutet wird, damit Kinder ihre Aufmerksamkeit darauf richten. Die neuen Erfahrungen werden mit Wörtern in Verbindung gebracht.

Tabelle 1 gibt eine chronologische Übersicht zu wichtigen Meilensteinen bzw. Entwicklungsschritten des Spracherwerbs im Bereich der frühen Sprachwahrnehmung und Vokalisationsentwicklung.

Tab. 1: Erwerbsschritte im Bereich frühe Sprachwahrnehmung und Vokalisationsentwicklung

Bereich	Erwerbsschritt	Altersangabe
Frühe Sprachwahrnehmung	Sensitivität für Sprache und Stimme	Pränatal, erste Lebenswochen
	Unterscheidung aller Laute, die in den Sprachen der Welt existieren	0 bis 5 Monate
	Erkennen rhythmischer und prosodischer Merkmale und des Betonungsmusters der Umgebungssprache	1 bis 4 Monate
	Kategoriale Lautwahrnehmung	1 bis 4 Monate
	Spezialisierung auf das Lautinventar der Umgebung, Sensibilität für Anordnung der Laute in der Silbe (Phonotaktik) wächst	6 bis 10 Monate
Vokalisationsentwicklung	Neugeborenschrei, Säuglingsschreien	erste Lebenswochen
	Gurren	6 bis 8 Wochen
	Marginales Babbeln	4 Monate
	Kanonisches Lallen/Babbeln (Silben aus Konsonanten und Vokalen)	6 Monate
	Reduplizierendes und variierendes Babbeln	8 bis 10 Monate

Doppelsilben bilden

Zwischen dem sechsten und neunten Monat erweitert das Kind sein Lautrepertoire. Es findet neue Laute und bildet mehr und neue Silbenketten wie ba-la-ba oder da-do. Gleichzeitig ist die Kontrolle über das eigene Sprechen soweit vorangeschritten, dass Kinder die Sprechbewegung stoppen und nur eine Doppelsilbe produzieren (la, ba, da) können. Bisweilen meinen Bezugspersonen aus einer Doppelsilbe schon das erste Wort heraushören zu können. Im Unterschied zu Worten gibt es aber noch keine stabile Verbindung zwischen der Doppelsilbe und irgendeinem Gegenstand oder einer Person. Das Kind muss erst noch entdecken, dass es mit dem, was es jetzt schon an Lauten produziert, auch etwas Konkretes bezeichnen kann.

Vorverständnis für Worte

Inzwischen konnten viele Erfahrungen mit Spielzeugen und anderen Dingen gesammelt werden. Dabei wurde oft gehört, wie Bezugspersonen den Gegenstand verbal benennen. Daraus entwickelt sich das frühe Wortverständnis, das sich aber wesentlich vom Wortverständnis Erwachsener unterscheidet. Oft ist ein Wort für das Kind die Bezeichnung für nur einen ganz bestimmten Gegenstand oder für einen Gegenstand in einer ganz bestimmten Situation. Das Wort ist an die Eigenschaft dieses Gegenstandes gebunden. Ohne den Gegenstand ist das Wort nicht mehr existent.

erste Wörter verstehen

Die ersten Wörter entstehen häufig zunächst in den Ohren der Bezugspersonen. Die Doppelsilben Ma-ma oder Pa-pa – eher zufällig produziert – lösen Freude aus. Kinder beobachten genau und werden aufgrund der ausgelösten Freude die Silbenabfolge vielleicht noch einmal wiederholen. Überhaupt spielt wechselseitige Imitation und Wiederholung in diesem Alter eine wesentliche Rolle. In den Gesprächen nach dem Aufwachen, beim Wickeln, beim Füttern oder in anderen Spielsituationen wechseln nicht nur Sprechen und Zuhören, sondern auch Vor- und Nachmachen. Ebenso wichtig ist aber auch das Benennen und Kommentieren dessen, wofür das Kind sich gerade interessiert. Gesten des Kindes haben jetzt eine wichtige Rolle in der Verständigung. Das Kind lernt, dass es seine Absichten (z. B. etwas zu erreichen oder zu ergreifen) durch Quengeln oder Lautieren ausdrücken kann und dann meist eine Reaktion durch die Bezugsperson erfolgt. Wenn Bezugspersonen verstehen, was Kinder wollen, werden sie es ihnen in de Regel geben und gleichzeitig die Situation sprachlich begleiten. Dabei spielt die Satzmelodie noch immer eine wichtige Rolle, allerdings werden auch die Wortbedeutungen zunehmend wichtiger.

erste Wörter sprechen

In der Regel äußern Kinder kurz vor oder um ihren ersten Geburtstag herum die ersten Wörter. Manche Kinder sind früher, manche später dran; die Mehrheit benutzt erste Wörter zwischen 12 und 18 Monaten. Alterstypisch ist, dass Wörter vereinfacht oder unvollständig ausgesprochen werden (Baba für Ball oder Lala für Flasche). Üblich ist auch Auslassungen unbetonter Silben (Nane für Banane), Lautauslassungen von finalen Konsonanten (Löffe statt Löffel), Vereinfachungen von Konsonantenverbindungen (Bot statt Brot) sowie Lautersetzungen (Tu statt Schuh). In dieser Phase gibt es in sehr vielen Familien einen eigenen Wortschatz. Kindersprachliche Ausdrücke haben in dieser Zeit noch ihre ganz eigene Bedeutung.

Erst in der nächsten Phase der Wortschatzentwicklung werden die korrekten Bedeutungen für die meisten Dinge gelernt. Darüber hinaus erfahren Kinder zunehmend besser, was sie mit Wörtern tun können. „Hamham" ist ebenso wirksam, wie das von Quengeln begleitete Zeigen auf die begehrte Nahrung. Der passive Wortschatz wird zu diesem Zeitpunkt auf ca. 60 Wörter geschätzt. Einfache Aufforderungen werden befolgt und Verbote verstanden.

stützende Sprache

Beim Auftauchen der ersten wortähnlichen Äußerungen von Kindern verändern Bezugspersonen meist automatisch ihr sprachliches Verhalten. Äußerungen von Kindern behandeln sie schon seit einiger Zeit wie absichtsvolles Sprechen. Die Babysprache verschwindet, die Stimmlage wird tiefer und es werden weniger Lautmalereien verwendet. Kindersprachliche Ausdrücke werden von den Bezugspersonen aufgegriffen und die korrekte Bezeichnung daneben gesetzt. Sieht das Kind z. B. einen Hund und ruft wau-wau, greift die Bezugsperson die kindersprachliche Äußerung auf und sagt vielleicht: „Ja, ein Hund! „Der Hund macht Wau-wau – er bellt." Der kindersprachliche Ausdruck wird durch das korrekte Wort ergänzt und häufig auch sprachlich erweitert. Das veränderte Sprachverhalten der Bezugspersonen wird auch stützende Sprache (Scaffolding) genannt. Bezugspersonen sind sensibel für die Aufmerksamkeit des Kindes und führen neue Wörter für Dinge ein, für die sich das Kind gerade interessiert.

Während bisher eine dyadische (auf zwei Personen bezogene – Kind und Bezugsperson) Interaktion stattfand, wird die Interaktion ab etwa neun bis zwölf Monaten triadisch, da nun ein äußerer Bezugspunkt hinzukommt, auf den das Kind und die Bezugsperson ihre Aufmerksamkeit und ihre Handlungen gemeinsam ausrichten. Beispiele sind Interaktionen wie Geben-und-Nehmen-Routinen, das Zurollen eines Balles, das gemeinsame Bauen eines Turms oder Zeige- und Benennspiele. In diesen Situationen entstehen Episoden geteilter Aufmerksamkeit, in denen sich das Kind bewusst wird, dass es sich in der Kommunikation auf den gleichen Gegenstand bezieht wie sein Gegenüber (Tomasello et al., 2005).

Ein-Wort-Sätze

Mit jedem Tag erweitern Kinder nun sukzessive ihren Wortschatz. Nach wie vor ist die Bedeutung vieler Wörter nicht unbedingt dieselbe wie für Erwachsene. „Tut-tut" beispielsweise ist für das eine Kind nur der schwarze Volvo der Familie, während ein anderes Kind damit alles bezeichnet, was mit Fahren im weitesten Sinne zu tun hat, z. B. das Weggehen des Vaters am Morgen zur Arbeit, das Hin-und-her-Bewegen des Spielzeugautos oder auch den großen Bus, der ihm regelmäßig auf den Spazierfahrten mit der Mutter begegnet. Daher ist es auch kaum möglich festzustellen, welche Wortarten das Kind in welcher Abfolge erwirbt.

Aussagen müssen häufig von den Bezugspersonen rekonstruiert werden. Komplexe Zusammenhänge werden mit einem Wort zusammengefasst. Übergeneralisierungen (Wau-Wau oder Hund für alle Tiere mit vier Beinen) oder Überdiskriminierungen (das Wort Stuhl, das für ein ganz bestimmtes Sitzmöbel reserviert wird, z. B. den eigenen Hochstuhl) kommen häufig vor. Das Halbjahr nach dem ersten Geburtstag wird genutzt, um neue Wörter auszuprobieren, zu verändern, ihre Bedeutung zu erweitern und zu präzisieren. So lernen Kinder mehr und mehr über den Gebrauch von Wörtern – dass diese als Frage verwendet werden können, als Aufforderung, zum Kommentieren, zum Beschreiben oder um auf Fragen zu antworten. Solche Wörter werden „Ein-Wort-Sätze" genannt, weil sie wie Sätze gebraucht werden und im Zusammenhang viel mehr sagen, als nur ein Wort.

erweitertes Sprachverständnis

Kinder haben längst herausgefunden, dass bestimmte Wörter oder Äußerungen mit bestimmten Abläufen oder Gegenständen verbunden sind. Sie sind in der Lage, einfache Aufforderungen im Rahmen gewohnter Zusammenhänge zu befolgen. Wenn die Bezugsperson z. B. sagt: „Komm wir gehen in den Garten. Hole deine Schuhe!", dann reichen einige wenige Schlüsselwörter, um bei dem Kind eine Vorstellung davon auszulösen, was passieren wird. Es läuft vielleicht los und holt seine Jacke anstelle der Schuhe. Ein Missverständnis, aber jedes Missverständnis bietet die Chance, daraus zu lernen. Die Bezugsperson wird vielleicht sagen: „Das ist deine Jacke! Die brauchst du heute nicht. Die Sonne scheint, es ist warm draußen. Wo sind deine Schuhe? Hole die Schuhe!" Das Wort, auf das es ankommt, steht dabei in herausgehobener Position, nämlich am betonten Ende des Satzes, und kommt zudem mehrmals vor. So erhalten Kinder viele Gelegenheiten, kritische Wörter aus dem Gesagten herauszulösen. Mit der Zeit werden Wörter unabhängiger vom Ablauf bzw. der Situation.

erweiterter Sprachaustausch

Kinder erheben zudem Anspruch auf die Ansprache ihrer Bezugspersonen. Immer häufiger sagt ihr Blick, „Und was meinst du dazu?", etwa wenn sie der Bezugsperson etwas geben, auf Dinge zeigen oder sie verbal auffordern, einen sprachlichen Kommentar abzugeben. Auch wenn es Bezugspersonen nicht immer bewusst ist, begleiten sie in dieser Zeit viele Handlungen im Umgang mit dem Kind sprachlich. Es entwickelt sich eine neue Form der Interaktion, die als kooperativ bezeichnet wird. Die Bezugsperson wird nun als intentionales Wesen wahrgenommen, mit dem man koordiniert handeln kann, um Ziele zu erreichen. Kooperative Problemlösungstätigkeiten entstehen. Das Kind wird aktiver und beeinflusst das Verhalten der Personen mit denen es spricht stärker, es handelt, um anderen zu helfen, auch Rollentausch wird möglich.

In dieser Phase rückt die Sprache als Symbolsystem in den Vordergrund. Konversationen werden als besondere Form von Handlungen verstanden, in denen die Gesprächspartner:innen komplementäre Rollen einnehmen. Die Ausweitung und die genauere Bestimmung des Wortschatzes nimmt die Aufmerksamkeit der Kinder in Anspruch. Das Halbjahr bis zum zweiten Geburtstag wird genutzt, um genügend Wörter für die nächste Phase der Sprachentwicklung zu sammeln: die Kombination von Wörtern (Zwei- bzw. Mehr-Wort-Stadium) und damit die produktive Nutzung von Grammatik.

passiver und aktiver Wortschatz

Kinder verstehen viel mehr Wörter als sie aussprechen können. Ihr Wortschatz beträgt bis zum Ende des zweiten Lebensjahres typischerweise etwa 200 Wörter (Wortschatzexplosion). Wenn ein Kind zu diesem Zeitpunkt weniger als 50 verschiedene Wörter benutzt, trägt es ein 50-prozentiges Risiko für eine Spracherwerbsverzögerung. Man nennt diese Kinder auch „Late Talker" (s. Kasten).

Der passive oder auch rezeptive Wortschatz (Wörter, die verstanden, aber noch nicht ausgesprochen werden können) wächst sehr schnell und ist dem aktiven oder produktiven Wortschatz (Menge an Wörtern, die gesprochen werden können) weit voraus. Gleichzeitig verändern sich aber auch die einzelnen Wortbedeutungen und werden denen Erwachsener ähnlicher. Für ein jüngeres Kind bedeutet brumm-brumm oder das Wort Auto sowohl die Tätigkeit des Fahrens als auch der Name des Fahrzeugs, während ältere Kinder zwischen Gegenstand und Handlung unterscheiden können und verstehen, dass es spezifische Wörter dafür gibt. „Fahren" meint etwas anderes als „Auto".

Sprachanregung für Zweijährige

Die intuitive Anpassung der Bezugspersonen an das Sprachniveau der Kinder setzt sich fort. Bezugspersonen sprechen mit jüngeren Kindern noch immer etwas langsamer als mit älteren Kindern oder Erwachsenen; sie wiederholen häufiger einzelne Wörter oder ganze Satzteile, wenn die Situation dies erfordert. Sie kommentieren, was sie und das Kind tun, beantworten geduldig Fragen, reagieren auf Zeige-Gesten und folgen beharrlich Hinweisen der Kinder.

Wortschatz-explosion

Wenn Kinder genügend Wörter (ungefähr 50 verschiedene) und Erfahrungen gesammelt haben, wie Wörter gebraucht werden können (als Frage, als Antwort, Besitzanzeigend usw.), beginnen sie, die Wörter auch zu kombinieren. Mit den Wortkombinationen, den Zwei-Wort-Sätzen, beginnt die eigentliche Satzentwicklung bzw. die produktive Grammatik. Aber schon bevor Zwei- und Mehrwortäußerungen gebildet werden, ist es Kindern möglich, grundlegende Aspekte der Grammatik zu verstehen; sie können z. B. die Wortanordnung für die Interpretation von Sätzen nutzen (Weinert & Grimm, 2018). Gleichzeitig mit Wortkombinationen kommt es zu einer sprunghaften Erweiterung des Wortschatzes, der sogenannten Wortschatzexplosion. Während die ersten Wörter eher langsam erworben wurden, greifen Kinder die Wörter jetzt scheinbar nebenbei auf. Rein statistisch lernt ein Kind in dieser Zeit täglich etwa neun neue Wörter dazu.

Late Talker und Late Bloomer

Late Talker können eine bleibende Störung der Sprachentwicklung ausbilden. Repräsentative Studien belegen, dass bei etwa fünf bis zehn Prozent der Kindergartenkinder jedes Altersjahrgangs persistierende Sprachentwicklungsauffälligkeiten vorliegen. Rückblickend haben sich diese Auffälligkeiten in vielen Fällen bereits vor dem zweiten Geburtstag in einem späten Sprechbeginn gezeigt. Diese Verspätung wird von großen Teilen der Fachwelt als Risikofaktor für eine spätere Sprachentwicklungsstörung betrachtet (Grimm, 2012).
Es besteht eine ca. 50-prozentige Chance, den Sprachentwicklungsrückstand aufzuholen („Late Bloomer"), und ein ebenso hohes Risiko, Symptome einer Sprachentwicklungsstörung auszubilden. Ohne adäquate Förderung verfestigt sich diese Störung und weitet sich zunehmend auf andere Entwicklungsbereiche aus. Die Kinder erwerben z. B. sprachlich vermitteltes Wissen, insbesondere Lese-, Schreib- und Rechenkompetenzen sowie kulturelles Wissen und sprachliche Denkleistungen nur in eingeschränktem Umfang (Grimm, 2012), wodurch es langfristig zu Lernbeeinträchtigungen und im Extremfall sogar zu einer Lernbehinderung kommen kann. Weiterhin gestaltet sich durch die begrenzte sprachliche Kompetenz insbesondere der Kontakt zu Gleichaltrigen schwierig. Sprachentwicklungsgestörte Kinder laufen Gefahr, Außenseiter:innen zu werden, weniger Selbstvertrauen zu entwickeln und sozialen Problemen zu bekommen (auch Abb. 13).

Zwei-Wort-Sätze

Die altersgemäße rasche Zunahme des Wortschatzes erhöht Verstehensleistungen wie Ausdrucksmöglichkeiten; der interpretative Spielraum der Bezugspersonen nimmt ab. Zwei-Wort-Sätze entstehen aus der Kombination von zwei eigenständigen Wörtern, die das Kind auch einzeln gebraucht

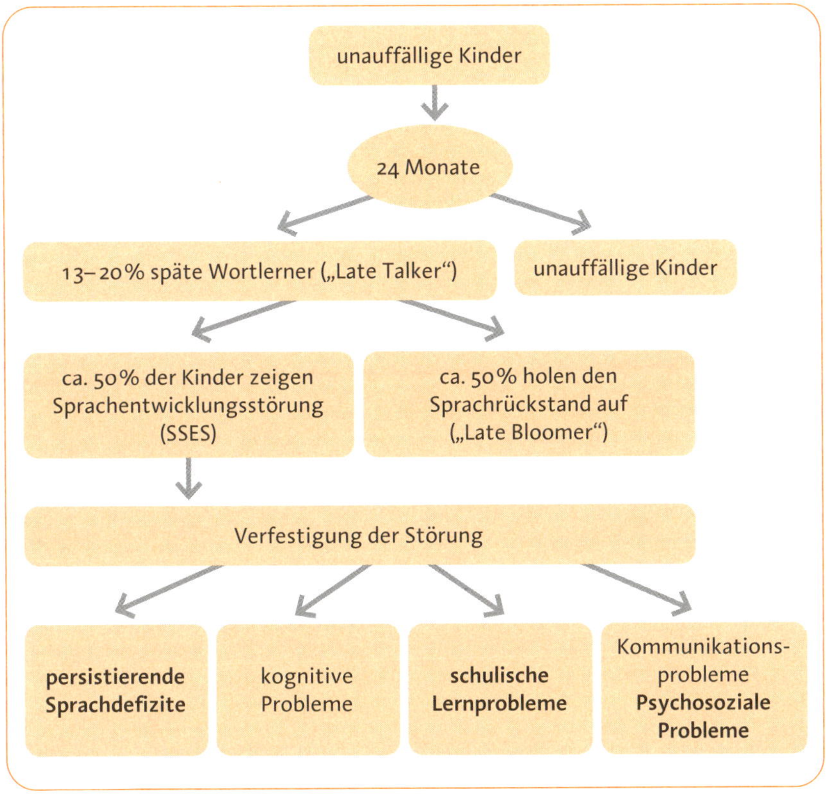

Abb. 13: Late Talker und Late Bloomer

(z. B. „Musik haben“). Szagun (2016) unterscheidet Reihe von semantischen Relationen, die Kinder bereits realisieren können. Beispielsweise die Relation Vorhandensein („da Hund“), Objekt und Handlung („Keks haben“) oder Besitzer:in und Besitz („Mama Socke“). Zudem scheinen Kinder in diesem Alter schon bestimmte elementare formal-syntaktische Regeln zu befolgen. So dominiert z. B. hinsichtlich der Wortstellung das Verb in Endstellung („Baby weint“, „Hund bellt“, „Ich aufmachen“). Gelegentlich werden formale Markierungen wie Pluralformen („Tieren Stall“) oder das Genitiv-S („Maximilians Eis“) verwendet.

weitere Fortschritte im dritten Lebensjahr

Nun beginnt auch das sogenannte Fragealter, die Phase der Sprachentwicklung, in der Kinder viele Fragen stellen und Namen für Dinge und Erklärungen hören möchten. Zunächst fragen Kinder durch die Betonung (z. B. „Papa?“), wenn sie z. B. wissen wollen, ob der Papa kommt, wo er ist oder ob ein Gegenstand dem Vater gehört. Dann taucht die Frage „Is das?“ auf, die erst später durch die Fragewörter wo oder was ergänzt wird.

Beliebt ist jetzt auch das „Nein-Sagen“ und zudem nennen Kinder ihren eigenen Namen. Wörter und Äußerungen sind weniger an bestimmte Abläufe geknüpft. Der Wortschatz wächst weiter, die Sätze werden länger, es folgt das Drei- und später das Mehrwortstadium. Wörter, die Kinder neu bilden, sind Zeichen ihrer sprachlichen Kreativität (z. B. Festhalter für Henkel oder Schwimmlöffel für Ruder). Verben werden meist noch in der Grundform gebraucht (z. B. in der Äußerung „auch essen“). Vereinzelt kommen auch schon richtige Endungen vor.

Die Reihenfolge von Wörtern wird in den Kindersätzen häufig nach deren Wichtigkeit bestimmt und muss noch nicht der Erwachsenengrammatik entsprechen. Sätze wie „Franz auch släft noch“ werden trotz falscher Wortordnung und vereinfachter Aussprache von den Bezugspersonen richtig verstanden und möglichst korrekt bzw. berichtigt wiederholt: „Ja, der Franz schläft auch noch.“ (korrektives Feedback).

schwierige Laute bilden

Jetzt beherrschen Kinder ihre Sprechwerkzeuge so gut, dass sie auch die Laute lernen, die im hinteren Bereich des Mundes gebildet werden, sogenannte Rachenlaute (k, g, ch und r). Viele Kinder lassen sich aber auch Zeit damit und lernen die drei schwierigsten Lautgruppen, neben den Rachenlauten, Zischlaute (s, ss, sch, z, x) und die Lautverbindungen (kl-, kr-, kn-, schl-, schn-, tr-, fl- usw.) erst bis zum Kindergartenalter.

Weitere schwierigere Lautverbindungen (bl-, fr-, kn-, kl-, tr- usw.) werden ab ca. drei Jahren beherrscht. Wenn Kinder schwierige Laute manchmal richtig und manchmal falsch aussprechen, kann das ein Hinweis darauf sein, dass sie gerade an ihrem Lautsystem arbeiten.

Denken und Sprache

Wörter können nun im Kopf Wirklichkeiten entstehen lassen, die in der realen Umgebung in diesem Moment so gar nicht existieren. Wenn die Bezugsperson sagt: „Nach dem Mittagessen gehen wir auf den Spielplatz“, müssen Kinder ihre innere Vorstellung vom Tagesablauf aktivieren, um sich durch den Satz tatsächlich auf das erfreuliche Ereignis vertrösten zu lassen.

lehrende Sprache

Etwaige Lautbildungsfehler der Kinder sollten von den Bezugspersonen nicht korrigiert, sondern die falsch gesprochenen Wörter vielmehr beiläufig in korrekter Form wiederholt werden (korrektives Feedback), sodass Kinder das richtig gesprochene Wort noch einmal hören können. Das Kind fragt auf einer Bank stehend: „Jan unterpingen?“ Die Bezugsperson fragt zurück: „Herunterspringen? Du möchtest von der Bank herunterspringen, Jan? Gut, spring herunter. Ich fange dich auf!“ Von Kindern werden noch keine vollständigen und korrekten Sätze verlangt. Bezugspersonen sind vielmehr möglichst gute Sprachvorbilder für das lernende Kind, indem sie Kindersätze aufgreifen, diese korrekt wiederholen und eventuell um eine kleine grammatische Schwierigkeit oder ein neues Wort erweitern – dieses Vorgehen wird auch lehrende Sprache (Motherese) genannt. Sich sprachförderlich verhaltend wenden aufmerksame Bezugspersonen Sprachlehrstrategien angepasst an die jeweiligen Fähigkeiten und das Sprachverständnis der Kinder an.

komplexe Satzstrukturen

Mit etwa drei Jahren beginnen einige Kinder, Nebensätze zu formulieren. Zuerst werden die Sätze noch ohne Konjunktionen aneinandergereiht. Später folgen Verbindungswörter wie wenn, weil, dass und ob. Die Verbstellungsregeln des Deutschen werden zunehmend erkannt und verwendet. Erste Flexionsmorpheme (gebeugte Verben) und Vergangenheitsformen, erste Plural- und Artikelformen sind erkennbar. Bis zum vierten Lebensjahr werden die meisten Flexionsmorpheme erworben und die Verwendung von Präpositionen hat sich verfestigt (Tab. 2).

Tab. 2: Meilensteine beim Spracherwerb

Stadien	ca. Monate	Sprache	An das Kind gerichtete Sprache
Sensitivität für Sprache	0–1	Schreien, Gurren	Nahe des Gesichtsfeldes sprechen
Differenziertes Schreien	2–3	Spontanes Lallen, spielerisches Lallen	In überzogener Tonlage sprechen Sich bemühen, Aufmerksamkeit zu erzeugen
Vokalisationen	4–5	Schmatz- und Zischlaute	
	6–7	Nachahmendes Lallen	Eine deutliche Mimik benutzen
Silbenketten Erweiterung des Lautrepertoires	6–8	Vokallaute / erste Silben	Dialoge initiieren, wiederholen
	9–10	Echolalisches Sprechen	Kindgemäßer Wortschatz
Erste Wörter	11–13	Erste Wörter	Einfache Sätze mit langen Pausen
	12–14	Zeigewörter (da, das …) Verbpartikel (auf, ab, fertig …)	Wörter verlängern
	13–14	Laute p, b, m, n	Wiederholende Kontexte
	14–16	Ca. 50 Wörter sprechen	
Ein-Wort-Sätze	17–18	Laute w, f, t, d Ein-Wort-Sätze	Wechselseitigkeit der sprachlichen Interaktion fördern
	18–19	Sich beim Namen nennen	Neue Fähigkeiten aufgreifen und verwenden
Wortbedeutungen	19–22	Unspezifische Adjektive (schön, böse, gut …) Ein-Wort-Fragen (mit steigender Intonation)	Vermehrtes Fragen nach Personen und Gegenständen

Stadien	ca. Monate	Sprache	An das Kind gerichtete Sprache
Zwei-Wort-Sätze – Wortschatzexplosion	20–22	Ca. 200 Wörter sprechen Zwei-Wort-Sätze Einfache Äußerungen verstehen	Bilderbuchlesen als gemeinsamer Aufmerksamkeitsfokus Dem Kind immer mehr Anteil am Dialog überlassen
Schwierige Laute/Lautverbindungen – Mehrwortstadium	21–24	Einfache Verben (bauen, malen, fahren …) Einfache Anforderungen verstehen	Wiederholen der kindlichen Äußerungen mit Korrektur und Veränderung (Erweiterungen wie Adjektive)
Komplexere Satzstrukturen/Nebensätze	22–24	Vergangenes und Zukünftiges sprachlich ausdrücken Absichten und Gefühle sprachlich ausdrücken	
	24–26	Pronomen (die, diese …)	
	24–27	Spezifische Adjektive (rot, rund, süß …) Modalverben (können, dürfen …) Ereignisse und Situationen beschreiben	Verwenden zunehmend längerer Äußerungen Vermehrtes Stellen von Ja/Nein Fragen
	25–26	W-Fragen (wo und was) Laute g, k, ch, r	Vermehrtes Stellen von W-Fragen
	27–29	Ca. 500 Wörter sprechen	
	27–32	Mehrwortsätze	
	29–33	Ich sagen	
	29–34	Bestimmte Artikel (der, die, das)	
	29–36	Präpositionen (auf, unter …) Fragen mit Inversion (Kommt Papa?)	
	30–38	Gespräche führen	
	30–41	Schwierige Lautverbindungen bl, kl, gr, kr …	
	33–36	Spielhandlungen sprechend begleiten Wünsche äußern	

Zusammenhänge, die das Kind versteht, werden immer komplexer. Geschichten können verfolgt werden, insbesondere dann, wenn man sie durch passende Bilder unterstützt und wenn sie sich vorzugsweise auf die Gegenwart und die Wirklichkeit beziehen.

komplexes Sprachverständnis

Das Sprachverhalten der Bezugspersonen verändert sich in dem Maße weiter, in dem das Sprachvermögen der Kinder Fortschritte macht. Mit großer Geduld werden Kinderfragen beantwortet und in Rückmeldungen die richtigen Anteile durch Wiederholung bestätigt. Zudem wird neuer Lernstoff durch sinnvolle Erweiterungen der Kinderäußerungen angeboten. Wenn ein Kind beispielsweise aus dem Fenster sehend sagt: „Da kommt ein Laster", könnte die Bezugsperson fortführen: „Ja, da kommt der große graue Laster, der jeden Donnerstag unseren Müll abholt – die Müllabfuhr."

Sprachförderung für Fortgeschrittene

2.4.3 Allgemeine Kennzeichen des Spracherwerbs

Der Spracherwerb stellt einen gleichermaßen struktursuchenden wie -bildenden Prozess dar. In seinem Verlauf werden unterschiedliche Wissens- und Regelsysteme aufgebaut – eine höchst anspruchsvolle Aufgabe, die Kinder in einem frühen Stadium der allgemeinen kognitiven Entwicklung vollbringen. Auch wenn Kinder bis zum Schulalter sprechen können, wissen sie nicht, *wie* man eigentlich spricht. Ihnen fehlt metasprachliches Wissen. Selbst Erwachsene sind sich oft nicht der genauen syntaktischen Regeln oder der Bildung bestimmter morphologischer Formen bewusst. Sprechen funktioniert wie Fahrradfahren automatisiert. In der Regel wird metasprachliches Wissen im Kontext des Schriftspracherwerbs in der Schule erarbeitet. Nachdenken über Sprache ist vor Schulbeginn bedauerlicherweise eher selten und findet sich insbesondere bei Kindern, die (sukzessive) zweisprachig aufwachsen.

Viele Befunde sprechen dafür, dass der normale Spracherwerb nur in einem bestimmten Zeitraum möglich ist. Dieser Zeitraum wird Entwicklungsfenster (oder sensible Phase) genannt (Kap. 1). Beim Spracherwerb reicht das Entwicklungsfenster von der Geburt bis zur Pubertät. Hatte ein Kind in diesem Zeitraum keinen Kontakt mit einer bestimmten Sprache, schließt sich das Fenster. Es wird die Sprache als Erwachsener niemals vollständig erlernen. In diesem Zusammenhang wird diskutiert, ob es Entwicklungsfenster für verschiedene Sprachebenen gibt. Locke (1997) postuliert vier solcher zeitlich begrenzten Phasen im Altersabschnitt zwischen null und drei Jahren (zusammenfassend z. B. Roos, 2011).

sensible Fenster der Sprachentwicklung

Unterschiede im Spracherwerb

Der Spracherwerb nimmt nicht immer denselben Entwicklungsverlauf, nicht alle Kinder folgen dem gleichen Weg. Interindividuelle Unterschiede finden sich vor allen Dingen hinsichtlich des Tempos, aber auch im Hinblick auf Lernweisen und -stile (z. B. bei Wortschatz und Grammatik).

Zwei- und Mehrsprachigkeit

Viele Kinder wachsen nicht nur mit einer Sprache, sondern zwei- oder mehrsprachig auf. Manche Kinder lernen von Geburt an zwei oder sogar mehrere Sprachen, weil z. B. ihre Eltern unterschiedliche Sprachen sprechen (simultaner Erwerb zweier Sprachen), oder sie erwerben zu einem späteren Zeitpunkt eine oder mehrere Sprachen zusätzlich zu ihrer Erstsprache (sukzessiver Zweitspracherwerb), etwa weil in ihrer Familie eine andere Sprache gesprochen wird als in der Mehrheitsgesellschaft (in Großstädten wie Berlin oder Hamburg sind dies bis zu 30 % aller Kinder). In den ersten Lebensjahren kommt es dabei häufig zu einer Vermischung der gelernten Sprachen. Das ändert sich in der Regel spätestens ab dem vierten Lebensjahr von allein. Das Kind lernt dann von einer Sprache auf die andere umzuschalten (code-switching). Mehrsprachig aufwachsende Kinder sind keine einheitliche Gruppe, sondern haben sehr viele unterschiedliche Biografien und Erfahrungen damit, wie die Mehrsprachigkeit in ihrer Familie praktiziert wird. In der Mehrsprachigkeitsforschung werden mindestens drei Formen des Erwerbs untersucht:

1 der simultane Erwerb zweier Sprachen,

2 der sukzessive Erwerb zweier Sprachen in der Kindheit (auch kindlicher Zweitspracherwerb) und

3 der Zweitspracherwerb bei Erwachsenen.

Die Erwerbstypen unterscheiden sich hinsichtlich des Zeitpunktes, an dem der Erwerb beginnt, der Tatsache, dass bereits eine oder mehrere andere Sprachen als erworben gelten können, aber auch qualitativ im Erwerbsverlauf, der Erwerbsgeschwindigkeit und vor allen Dingen im Erwerbsergebnis.

Auffälligkeiten in der Sprachentwicklung

Zu den häufigsten Entwicklungsstörungen zählen Auffälligkeiten in der Sprachentwicklung. Werden diese zu spät erkannt und nicht rechtzeitig im Rahmen spezifischer Sprachförderung und/oder -therapie begleitet, kann dies weitreichende Folgen für die weitere Sprachentwicklung und damit auch für die Entwicklung in anderen Bereichen sowie das Selbstbild des

Kindes haben. Gerade in den ersten Lebensjahren ist es aufgrund der sehr unterschiedlichen Entwicklungsverläufe allerdings nicht einfach, eine sichere Diagnose zu stellen.

Die Spracherwerbsforschung legt in diesem Zusammenhang ein besonderes Augenmerk auf die bereits weiter oben beschriebene 50-Wort-Schwelle, da sie ein bedeutsamer Hinweis für spätere Auffälligkeiten sein kann. Zur Einschätzung, ob der aktive Wortschatz eines Kindes mit zwei Jahren weniger als 50 Wörter beträgt, sind gezielte Elternfragebögen sehr hilfreich, die aus entsprechenden Wortlisten sowie Fragen zur sonstigen Sprachentwicklung des Kindes bestehen (z.B. von Suchodoletz, 2012; Sprachbeurteilung durch Eltern SBE-2-KT und SBE-KT auch im Internet abrufbar). Dabei ist zu beachten, dass bei mehrsprachigen Kindern stets die Wörter in allen benutzten Sprachen zusammengezählt werden müssen, nicht nur im Bereich der Bildungs- bzw. Umgebungssprache.

Kinder mit einer „Sprachstörung" benötigen über das pädagogische Angebot in Elternhaus oder Kindertageseinrichtung hinaus gezielte logopädische oder sprachtherapeutische Begleitung. Für pädagogische Fachkräfte bedeutet dies, eine klare Grenze zwischen ihrem möglichen Anteil der Unterstützung, Stärkung und Förderung im Spracherwerbsprozess und der Aufgabe von logopädischen oder sprachtherapeutischen Fachdiensten zu ziehen.

Obgleich der Spracherwerb als eigenständiger Phänomenbereich gilt, existieren wichtige kognitive und sozial-interaktive Voraussetzungen des Spracherwerbs. Umgekehrt hat der Spracherwerb Einfluss auf kognitive, soziale und emotionale Entwicklungen. Sprechen und Denken sind demnach eng miteinander verknüpft.

Kany, W. & Schöler, H. (2007). Fokus: Sprachdiagnostik. Berlin: Cornelsen Verlag.

Weinert, S. & Grimm, H. (2018). Sprachentwicklung. In W. Schneider & U. Lindenberger (Hrsg.). Entwicklungspsychologie (S. 445–469). Weinheim: Beltz.

Szagun, G. (2016). Sprachentwicklung beim Kind. Ein Lehrbuch (6. Aufl.). Weinheim: Beltz.

1 Welche Komponenten der Sprache lassen sich voneinander unterscheiden?

2 Welche didaktischen Maßnahmen können Erwachsene einsetzen, um die Sprachentwicklung von Kindern zu unterstützen?

3 Beschreiben Sie mögliche Entwicklungsverläufe und ihre Konsequenzen bei sogenannten Late Talkern.

2.5 Emotionale Entwicklung

Emotionen begleiten uns von Geburt an und entwickeln sich in Beziehung zu Anderen. Sie können als Reaktionssysteme verstanden werden, die abhängig von der Persönlichkeit und den Erfahrungen des Individuums situationsbezogen aktiviert werden. Generell sind wir bestrebt, unangenehme Emotionen zu vermeiden und uns möglichst angenehme Emotionen zu verschaffen. Schon Babys versuchen, sich mit Unterstützung von Bezugspersonen selbst zu regulieren. Was als angenehm bzw. unangenehm empfunden wird, ist zwar in gewisser Weise biologisch determiniert (z. B. Schmerz, Hunger, Körperkontakt, Zuwendung), kann sich aber durchaus je nach Person und Situation unterscheiden. Auch das Temperament des Kindes ist für das Fühlen und den Umgang mit Emotionen verantwortlich (Pauen, 2018 b). Dennoch ist Temperament kein Schicksal. Wenn mitfühlende Eltern dem Kind helfen, schwierige Momente zu überwinden, bringen sie ihm Strategien zur Bewältigung bei. Bereits bei Neugeborenen kann man fünf (Basis-)Emotionen beobachten: Neugier, endogenes Wohl- und Unbehagen, Erschrecken und Ekel. Weitere Basisemotionen wie Freude, Traurigkeit, Überraschung und Furcht / Angst entstehen erst im Laufe des ersten Lebensjahres. Mit fortschreitender Entwicklung differenziert sich das Emotionsrepertoire. Um das zweite Lebensjahr herum, wenn Kinder beginnen, sich selbst im Spiegel zu erkennen, treten erstmals sekundäre Emotionen wie Verlegenheit, Scham, Schuld oder Stolz auf, die spezifische kognitive und auch sprachliche Voraussetzungen erfordern (Roos, 2009).

2.5.1 Theoretische Perspektiven

Es existieren viele Versuche, Emotionen zu definieren. Nach Holodynski (2006) sind Emotionen nie konstant, sondern immer auf eine bestimmte Dauer begrenzt. Sie regulieren sich selbst mit dem Ziel, Reize, die von innen oder außen kommen, in ihrer Bedeutung für die eigene Person und deren Motive einzuschätzen und auf diese Weise das eigene Handeln zu regulieren. In den neueren Theorien werden überwiegend Syndrom-Definitionen bevorzugt (Moors et al., 2013).

Emotionen setzen sich demnach aus vier Komponenten zusammen:

vier Emotionskomponenten

1 **Bewertung / Einschätzung** der emotionsauslösenden Situation (z. B. die Erwartung, dass etwas Schlimmes / Schönes passieren könnte)

2 **biologische Reaktion** (z. B. Herzrasen, Schweißausbrüche, Muskelverspannungen, schneller Puls)

3 **Gefühlskomponente** (subjektiver Gefühlszustand, z. B. Angst, Freude, Stolz)

4 **motorische Reaktion** (Ausdrucksform, z. B. Mimik, Gestik, Körperhaltung oder -bewegung)

Wenn sich bestimmte Köperreaktionen zeigen (z. B. Herzrasen), werden diese über das Körperfeedback subjektiv als Gefühl wahrgenommen und mit einem bestimmten Emotionsanlass in Zusammenhang gebracht (z. B. die Anwesenheit eines bedrohlichen Reizes), sodass motiv-dienliche Handlungen (z. B. Flucht) ausgelöst werden können. Im Rahmen der Einschätzungskomponente bewertet eine Person die von ihr wahrgenommenen Situationen oder Anlässe hinsichtlich ihrer Motive. (Ein Motiv ist ein erwünschter Zustand, der zu erreichen beabsichtigt wird.) So wird z. B. Ärger ausgelöst, wenn ein Handlungsziel blockiert wird und die Blockierung auf das absichtliche Handeln einer anderen Person zurückgeführt wird.

Die Emotionsforschung unterscheidet im Wesentlichen drei theoretische Perspektiven, die nachfolgend erläutert werden, weil sie jeweils unterschiedliche Aspekte des Emotionsgeschehens in den Fokus rücken und sich wechselseitig ergänzen.

Strukturalistischer Ansatz

Der strukturalistische Ansatz will herausfinden, welche Basisemotionen überhaupt zu unterscheiden sind, die als angeboren und universell gelten können (z. B. Angst, Wut, Freude, Trauer, Vertrauen, Ekel, Überraschung und Neugierde). Außerdem wird erforscht, wie diese Emotionen anhand bestimmter Merkmale oder Kriterien (z. B. physiologische Reaktionen oder Ausdrucksverhalten wie Mimik / Gestik) voneinander und von anderen psychischen Phänomenen unterschieden werden können. Aus entwicklungspsychologischer Sicht ist dabei interessant, welche Basisemotionen in welchem Alter erstmals auftreten.

Funktionalistischer Ansatz

Der funktionalistische Ansatz fragt, wofür wir bestimmte Emotionen haben, welche Handlungen damit in Verbindung stehen (Frijda, 1986) und wie die auf das Individuum einströmenden Umweltreize auf ihre Motivrelevanz hin bewertet werden. Dabei löst die Bewertung eines bestimmten Umweltreizes die eigentliche Emotion aus; dadurch wird eine Handlungsbereitschaft aktiviert, die schließlich zu motivdienlichen Bewältigungs- und Handlungsstrategien führt. Die Qualität der Emotion ist unmittelbar von der individuellen Bewertung der situativen Merkmale abhängig. So wird ein Kind, dessen Eltern leicht nachgeben, wenn es zornig ist, irgendwann lernen, dass diese Emotion zielführend ist, um seine Interessen durchzusetzen. Während ein anderes Kind, dessen Eltern eher auf Weinen reagieren, möglicherweise lernt, dass diese Emotion ihm eher hilft, sein Ziel zu erreichen.

Soziokultureller Ansatz

Der soziokulturelle Ansatz geht davon aus, dass Emotionen und deren Regulation durch soziale Interaktionen modelliert werden. Dabei spielen Normen, Einstellungen und Verhaltensweisen des Umfeldes eine wichtige Rolle. Auch hier stellt die Bewertung von Umweltreizen die Grundlage emotionalen Erlebens dar. Es wird aber betont, dass Bewertungsmuster in der Regel erlernt und kulturell geprägt sind. Ob ein Reiz bedrohlich ist oder nicht, lernen Kinder u.a. von ihren Bezugspersonen. Im Laufe der Entwicklung werden spezifische soziale Situationen mit dem Erleben bestimmter Emotionen assoziiert. So mag ein Kind immer wieder erfahren, dass bestimmte Anlässe mit besonderen Gefühlen verbunden sind. Handlungen zur Bewältigung einer schwierigen emotionalen Situation müssen nicht notwendigerweise vom Kind selbst ausgeführt werden, sondern können durch andere Personen auch stellvertretend erfolgen.

Säuglinge beherrschen die im Zuge der Emotionsentstehung erforderlichen Bewältigungshandlungen noch nicht. Kommt beispielsweise ein großer Hund auf sie zu, der bei ihnen Angstgefühle auslöst, dann können sie selbst noch nicht weglaufen. Im Säuglingsalter vollzieht sich die Regulationsfunktion einer Emotion im Wesentlichen in der Interaktion zwischen Bezugsperson und Kind. Ausdruckszeichen des Säuglings (z.B. angstvoller Blick, Weinen) werden von den Bezugspersonen als Signale seines aktuellen emotionalen Zustandes interpretiert. Entsprechend dem wahrgenommenen Appellcharakter wird dann gehandelt (z.B. wird das Kind auf den Arm genommen und weggebracht). Bei von Bezugspersonen ausgeführten Regulationen spricht man von einer interpersonalen oder auch interpsychischen handlungsregulierenden Funktion.

Die handlungsregulierende Funktion von Emotionen bei Erwachsenen ist meist intrapersonal bzw. intrapsychisch: Die der emotionalen Handlungsbereitschaft dienlichen Bewältigungshandlungen können von Erwachsenen selbstständig ausführt werden – bisweilen erhalten aber auch sie dabei Unterstützung von Dritten (z. B. jemanden trösten, der traurig ist). Die subjektive Gefühlskomponente erfüllt eine Zeichenfunktion, indem sie der Person die Motivrelevanz von Reizen signalisiert und die Motivbefriedigung auf direktem Wege (durch eigenes Handeln) oder / und indirektem Wege (durch das Handeln einer nahestehenden Person) reguliert.

Aus dem Unterschied in der handlungsregulierenden Funktion von Emotionen bei Säuglingen und Erwachsenen wird geschlossen, dass die intrapersonale Regulationsfunktion von Emotionen erst im Laufe der Entwicklung aus der interpersonalen Regulation hervorgeht (Kap. 2.5.3).

emotionale Ausdruckszeichen

Bereits Säuglinge können durch Ausdruckszeichen ihre Bedürfnisse kundtun. Der Ausdruck beinhaltet nach Holodynski (2006) den gesamten Körperduktus (als Resultat von Körperhaltung und -bewegung): Mimik, Gestik, den vokalen Klang der Stimme, das Blickverhalten und das Verhalten des Säuglings im Raum. Für andere Personen wahrnehmbar, befördern Ausdruckssignale einer Emotion die im Säuglingsalter und darüber hinaus notwendige interpersonale Regulation von Emotionen bzw. setzen diese erst in Gang. Sie stellen eine spezifische Form des Kontaktes mit der Umwelt her, verstärken bzw. schwächen den Kontakt, unterbrechen ihn oder zielen darauf ab, dieses zu tun. So dosieren Eltern die Intensität bestimmter Reize (z. B. einer fremden Person oder eines neuen Spielzeugs) für das Kind in Abhängigkeit von dessen emotionaler Reaktion.

Nach Holodynski (2006) verändern Ausdruckszeichen einer Emotion die Person-Umwelt-Beziehung direkt und indirekt. Als Beispiel für eine direkte Veränderung kann u. a. der Ausdruck von Ekel gelten. Seine Ausdrucksreaktion (Würgen, Öffnen des Mundes, Vorstrecken der Zunge, Rümpfen der Nase) stoppt den Kontakt mit einer nicht schmeckenden Speise und führt schließlich zum Ausspucken. Indirekte Veränderungen beeinflussen das Verhalten in Interaktionen, sodass diese die Beziehung in motivdienlicher Weise verändern. So kann der Ausdruck von Ekel der fütternden Bezugsperson signalisieren, dass der Säugling nicht mehr essen will und dass sie mit dem Füttern aufhören sollen. Ausdruckszeichen des Kindes lenken die Aufmerksamkeit der Bezugspersonen und haben Apell- und Symbolfunktion gleichermaßen: Tu etwas, wenn ich dir zeige, wie ich mich fühle bzw. wie es mir geht. Die Interpretation der Bedürfnislagen des Säuglings durch Ausdruckszeichen ist nicht immer einfach. Der Emotionsausdruck fluktuiert stark, er ist durch fließende Übergänge und schnelle Wechsel gekennzeichnet. Zudem treten auch Mischformen von Emotionen auf.

Die Erfassung von Gefühlen in der Forschung

Da sich Säuglinge verbal nicht äußern können, wird das Auftreten von Emotionen insbesondere über den Gesichtsausdruck erfasst. In der Forschung wird mit dieser Methode versucht, die frühen Emotionsäußerungen anhand ausgefeilter Kodierungssysteme, die u.a. die Bewegung diskreter Gesichtsmuskeln analysieren, zu erfassen und diese mit der Mimik erwachsener Personen zu vergleichen. So kann eingeschätzt werden, ob bereits Kinder für bestimmte Emotionen prototypische Gesichtsausdrücke haben. Mithilfe einer anderen Methode gelang die Skizzierung von Basisemotionen im ersten Lebensjahr. Untersucht wurde dazu die Passung zwischen einer Auslösesituation und der ausgelösten Emotion.

2.5.2 Phasen der Emotionsentwicklung

Neugeborene sind in der Lage, auf fünf Arten von Situationen konsistent mit fünf verschiedenen emotionalen Ausdrucksmustern zu reagieren. Daraus lässt sich schließen, dass sie bereits von Geburt an über diese fünf (Vorläufer-)Emotionen verfügen:

Vorläufer-emotionen

1. **Neugier (später Interesse)** signalisiert die Neuartigkeit externer Stimulation und zeigt sich in fokussierter Aufmerksamkeit.

2. **Endogenes Unbehagen (Distress)** wird speziell durch Schreien ausgedrückt und signalisiert einen dringenden Bedarf (z.B. nach Nahrung, Nähe, Körperkontakt), der von den Bezugspersonen zu befriedigen ist (Abb. 14).

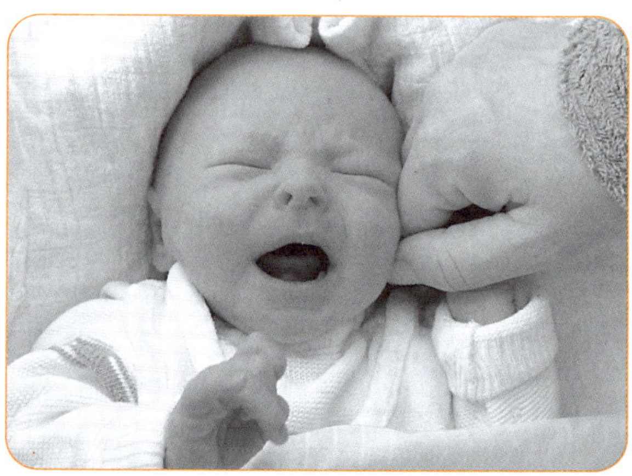

Abb. 14: Endogenes Unbehagen

3 **Endogenes Wohlbehagen** wird durch ein den Spannungs-Entspannungs-Zyklus abschließendes Lächeln ausgedrückt (Engelslächeln mit geschlossenen Augen). Dieses Lächeln wird in den ersten Lebenswochen immer häufiger dann ausgelöst, wenn der Säugling Verknüpfungen (Kontingenzen) zwischen Reizen herstellen kann (z.B. das Gesicht seiner Bezugsperson wiedererkennt). Der erfolgreiche Aufbau einer psychischen Repräsentation wird mit einem positiven emotionalen Zeichen versehen, das auch für Bezugspersonen wahrnehmbar ist und ihre Handlungen steuert (Abb. 15). Bezugspersonen sind bestrebt, Säuglinge zum Lächeln zu veranlassen und bringen sie intuitiv in Situationen, in denen sie psychische Repräsentationen von wahrgenommenen Umweltkontingenzen aufbauen können.

Abb. 15: Endogenes Wohlbehagen

4 **Erschrecken (später Furcht / Angst)** wird durch Körperanspannung und weit aufgerissene Augen signalisiert, die eine Überstimulation ausdrücken und durch eine abrupte und starke Reizerregung (z.B. durch Eintauchen in kaltes Wasser oder den Verlust des Körpergleichgewichtes) ausgelöst werden kann.

5 **Ekel** wird verdeutlicht durch ein Naserümpfen und Vorstrecken der Zunge, um den Mundinhalt auszuspucken, der ungenießbar erscheint. Diese Emotion verändert sich im Laufe der Entwicklung nicht besonders stark. Allerdings wandeln sich die auslösenden Bedingungen durch soziales Lernen stark.

Die fünf Emotionen repräsentieren den biologischen Ausgangspunkt der Emotionsentwicklung. Sie sind darauf ausgelegt, dass Bezugspersonen sie als Appell begreifen und stellvertretend für das Kind diejenigen Handlungen

Tab. 3: Phasen der Emotionsentwicklung (in Anlehnung an Holodynski & Oerter 2018, 521). Emotionen signalisieren Bedürfnisse des Kindes und fordern eine entsprechend emotions- und situationsspezifische Reaktion der Bezugsperson.

Emotion	**Anlass**	**Handlungsbereitschaft des Kindes (intrapersonal)**	**Appell an Bezugsperson (interpersonal)**
Distress (ab 0 Monate)	Mir fehlt etwas Wichtiges.	Ich weine weiter, wenn nichts passiert.	Mach alles wieder gut.
Ekel (ab 0 Monate)	Etwas Ungenießbares wird wahrgenommen.	Ich mag das nicht essen (oder anfassen oder sehen).	Hör auf damit. / Lass das sein.
Erschrecken (ab 0 Monate)	Der Reiz ist zu heftig.	Alle Muskeln anspannen und bei Andauern zu weinen beginnen.	Nimm den Reiz weg.
Neugier / Interesse (ab 0 Monate)	Etwas Neuartiges oder Unerwartetes wird wahrgenommen.	Damit möchte ich mich näher beschäftigen.	Ich bin aufnahmebereit. Gib mir mehr Information.
Freude (ab 2 Monaten)	Etwas Vertrautes und Genussvolles geschieht.	Davon möchte ich mehr. Das mache ich noch mal.	Bleib bei mir. Mach das noch mal. Lass das andauern.
Frustration (ab 4 Monaten)	Etwas gelingt nicht so wie erwartet.	Es soll so werden, wie ich es erwarte.	Hilf mir, dass es so wird, wie ich es mir vorstelle. Tröste mich.
Ärger (ab 7 Monaten)	Jemand / etwas verhindert, dass ich mein Ziel erreiche.	Ich gebe nicht auf.	Behindere mein Ziel nicht, ich werde sonst noch ärgerlicher.
Traurigkeit (ab 9 Monaten)	Etwas Wichtiges ist verloren gegangen.	Ich kann nichts mehr tun. Ich suche Nähe.	Tröste mich. Bleib bei mir. Hilf mir.
Furcht / Angst (ab 9 Monaten)	Etwas Gefährliches ist aufgetaucht.	Ich fühle mich bedroht, bin zur Flucht bereit, muss mich verteidigen.	Tu mir nichts Böses. Rette mich aus der Gefahr.
Überraschung (ab 9 Monaten)	Etwas völlig Unerwartetes ist geschehen.	Ich muss mich jetzt erst einmal orientieren.	Ich habe nichts gewusst. Ich kann nichts dafür.
Verlegenheit (ab 18 Monaten)	Ich merke, dass ich genau beobachtet werde.	Ich möchte nicht weiter beobachtet werden, mich schützen.	Beobachte mich nicht mehr. Richte deine Aufmerksamkeit auf etwas anderes.
Stolz (ab 24 Monaten)	Ich war tüchtig, habe etwas von anderen Wertgeschätztes geleistet.	Ich gehöre jetzt zu den „Großen". Ich will das andauern lassen, wieder tun.	Bewundere mich.
Scham (ab 30 Monaten)	Ich bin unfähig, etwas von anderen Wertgeschätztes zu leisten.	Ich habe etwas Falsches getan. Ich will die Situation verlassen.	Schließ mich nicht aus, verzeih mir, ich tue das nicht wieder.
Schuld (ab 36 Monaten)	Ich habe falsch gehandelt.	Ich mache das wieder gut.	Akzeptiere, dass es mir leidtut. Nimm die Wiedergutmachung an.

ausführen, die zur Befriedigung der kindlichen Bedürfnisse und Motive notwendig sind. Damit dienen sie der interpersonalen Regulation. Es ist davon auszugehen, dass diese fünf Emotionsmuster universell bei allen Neugeborenen auftreten. Im weiteren Entwicklungsverlauf des Säuglings- und Kleinkindalters stellt sich dem Kind die Entwicklungsaufgabe, aus den beschriebenen Vorläuferemotionen ein differenziertes, durch Ausdruckszeichen vermitteltes Repertoire von Emotionen aufzubauen und sich verschiedenste Bewältigungshandlungen anzueignen, mit denen es seine Motive auch selbstständig befriedigen kann.

Im Säuglings- und Kleinkindalter differenzieren sich aus den fünf Vorläuferemotionen (endogenes Wohl- und Unbehagen, Neugier, Erschrecken und Ekel) folgende Emotionssysteme aus: Freude, Belustigung und Zuneigung; Frustration, Ärger und Trotz; Furcht und Verlegenheit; Überraschung; Kummer und Traurigkeit (Tab. 3). In einer schon etwas älteren, aber klassischen Querschnittstudie aus dem Jahr 1990 konnten Sternberg und Campos veranschaulichen, wie aus der Unbehagen-Reaktion einmonatiger Säuglinge die Ärger-Reaktion siebenmonatiger Babys wird.

Versuch von Sternberg und Campos (1990)

Um eine negative Reaktion auszulösen, wurden Säuglingen die Arme festgehalten. Einen Monat alte Säuglinge reagierten mit einer Reihe undifferenzierter negativer Mimik-Muster, bevor sie schließlich zu schreien anfingen. Ihr Blickverhalten war ungerichtet bzw. die Augen geschlossen. Demgegenüber reagierten sieben Monate alte Säuglinge prompt mit einem auch für Erwachsene prototypischen Ärger-Ausdruck: zusammengezogene Augenbrauen, quadratisch geöffneter Mund, teils mit verengten Augen. Zu Beginn der Sitzung war ihr Kopf entweder auf die festhaltende Hand oder das Gesicht der festhaltenden Person gerichtet, d. h., die Säuglinge waren bereits in der Lage, die Quelle der Beeinträchtigung zu lokalisieren. Anschließend blickten sie zu ihrer danebensitzenden Mutter, was als Hilfeappell oder rückversichernde Haltung interpretiert werden kann. Der Emotionsausdruck hat damit einen sozial gerichteten Appellcharakter erhalten.

Die Ausdifferenzierung von Emotionen vollzieht sich in der interpersonalen Regulation mit den Bezugspersonen. Soziale und emotionale Entwicklung sind hier eng verschränkt. Bezugspersonen sind in Interaktionen mehr oder weniger sensibel gegenüber den Ausdruckszeichen des Säuglings. Sie interpretieren diese als gerichtete Appelle und fühlen sich im Idealfall veranlasst, mit Zuwendung und Fürsorge zu reagieren. Dadurch ermöglichen sie dem Säugling die Erfahrung von zeitlichen, räumlichen und sensorischen Verknüpfungen (sog. Kontingenzen) zwischen Emotionsanlass, -ausdruck und Bewältigungshandlungen. So sind Säuglinge wiederum in der Lage, bedeutungsabhängige Bewertungsmuster auszubilden.

Darüber hinaus spiegeln Bezugspersonen die kindlichen Ausdruckszeichen in ihrem eigenen Ausdruck in prägnanter, bisweilen übertriebener und konventioneller Weise wider. Durch dieses (affektreflektierende) Spiegeln erfahren Säuglinge und kleine Kinder Verknüpfungen zwischen Emotion, Ausdruck und handlungsregulierenden Konsequenzen und die bewusste Wahrnehmung von Emotionen wird unterstützt. In der Folge können Emotionen auch symbolhaft verwendet werden (z. B. „Schüppchen / Schnute" machen, um zu zeigen, dass man enttäuscht ist).

positive Emotionen

Betrachtet man einige der basalen Emotionen der ersten drei Lebensjahre etwas genauer, lässt sich feststellen, dass Lächeln schon bei Neugeborenen auftritt (häufig im Schlaf). Seine Bedeutung ist jedoch nicht eindeutig und eher als Resultat einer Spannungsreduktion zu interpretieren. Vermutlich lässt es sich auf biologische Prozesse und Reflexe zurückführen. Das frühe und unspezifische Lächeln in Interaktionssituationen unterstützt die Initiierung und den Aufbau der Beziehung zu Bezugspersonen (Kap. 2.6).

Ab einem Alter von zwei Monaten (Höhepunkt zwischen 12 und 14 Wochen) setzt in der Regel das „soziale Lächeln" ein (Sullivan & Lewis, 2003): Die Mundwinkel gehen nach oben, um die Augen bilden sich Fältchen. Wie bei Erwachsenen ist es eine Antwort auf Aufmerksamkeit: Eine Einladung zum Spiel, das Erwachen von Geselligkeit. Es ist weniger positiven Zuständen geschuldet als vielmehr der sozialen Kontaktaufnahme, die für Säuglinge von größter Bedeutung ist. Echtes Lächeln kann auch dann beobachtet werden, wenn die Kontrolle über ein Ereignis gelingt. Lachen tritt später auf (mit ungefähr fünf Monaten) und ist Ausdruck von hoher positiver Erregung (z. B. in Spielsituationen) sowie der Wahrnehmung von Kontrolle und erfüllten Erwartungen.

Freude zeigt sich ab ca. zwei Monaten in Situationen, in denen Vertrautheit oder eine genussvolle Stimulation vorliegt. Sie regt Individuen dazu an, Aktivitäten fortzuführen und fördert die soziale Beziehung zu den jeweiligen Bezugspersonen. Die Interaktion mit der sozialen Umwelt stellt für Säuglinge eine wichtige Quelle des Erlebens von Freude dar. Nach dem ersten Geburtstag und währende des zweiten Lebensjahres findet zunehmend auch ein sozialer Austausch positiver Affekte statt und das Kind freut sich beispielsweise darüber, wenn es andere zum Lachen bringt. Hier zeigt sich auch die Verschränkung mit der kognitiven Entwicklung.

negative Emotionen

Furcht ist eine eher selten untersuchte Emotion im Säuglingsbereich, was auch damit zusammenhängt, dass das Auslösen von Furcht (z. B. in Experimenten) ethisch fragwürdig erscheint. Häufig tritt Furcht in Bindungskontexten auf, was sich auch am sogenannten Fremdeln mit ca. acht Monaten oder an der Trennungsangst (auch Acht-Monats-Angst) zeigt. Das Ausmaß der erlebten Angst vor Fremden hängt vom Kontext und den Charakteristika der fremden Person ab: In vertrauten Kontexten (zu Hause, auf dem Schoß von Mutter / Vater) erscheinen Fremde weniger bedrohlich, Erwachsene lösen stärkere Angst aus als Kinder, auch das Geschlecht (Männer stärker als Frauen), der Gesichtsausdruck (neutral stärker als lächelnd) und die Haarfarbe (dunkel stärker als heller) spielen eine Rolle.

Gegen Ende des ersten Lebensjahres beziehen Kinder auch zunehmend Kontextinformationen ein, die dann Einfluss auf die Angstreaktion nehmen. Besonders eindrucksvoll ist die Suche nach emotionalen Reaktionen von Bezugs- oder anderen Personen. Dieses Verhalten wird auch als soziales Referenzieren oder Affektabstimmung bezeichnet. Zwischen dem zweiten und vierten Lebensjahr sind Kinder aufgrund ihrer kognitiven Entwicklung zur Imagination fähig, gleichzeitig ist die Fähigkeit, Fantasie und Realität zu trennen, noch nicht vorhanden, was mitunter als angstauslösend erlebt werden kann und in diesem Altersabschnitt zu vermehrtem nächtlichen Aufwachen führen mag (Angst vor bösen Tieren, Gespenstern, dunklen Schatten usw.). Dies wird im Alter von fünf bis sieben Jahren mit dem Erreichen der konkret-operatorischen Phase (nach Piaget) überwunden.

Der unterschiedliche Begriffsgebrauch von Furcht und Angst liegt in der Stärke der erlebten Emotion begründet (Steigerung: Furcht, Angst und Panik). Ärger ist eine Emotion, die ebenfalls im Laufe des ersten Lebensjahres auftritt (im Alter zwischen vier und acht Monaten). Diese Emotion wurde typischerweise in Situationen untersucht, in denen Säuglinge / Kleinkinder in ihren Handlungen eingeschränkt oder blockiert wurden und in Folge frustriert waren (Verhinderung der Zielerreichung). Auch Kontrollverlust oder die Unterbrechung gelernter Kontingenzen (Verknüpfung von verschiedenen Ereignissen, z. B. einer Reaktion oder eines Verhaltens mit einem Verstärker oder eines Verhaltens mit einem anderen Verhalten, wodurch eine Wechselbeziehung entsteht) wird als Mittel bei Untersuchungen eingesetzt. Ärger und Wut treten mit der zunehmenden Fähigkeit, die Umwelt kontrollieren zu können, häufiger auf. Ab dem dritten Lebensjahr nimmt der offene Ausdruck von Ärger und Wut wieder ab. Ursächlich sind hierfür das Auftreten selbstbewusster (sekundärer) Emotionen (z. B. Scham), die zunehmende Fähigkeit zur intrapersonalen Emotionsregulation und die verbesserte Sprachkompetenz.

sekundäre oder selbstbewusste Emotionen

Im Laufe der ersten Lebensjahre wird die kognitive Bewertung von Situationen in immer komplexerem Umfang möglich. Dieser Prozess bildet die Grundlage für die Entwicklung sekundärer oder selbstbewusster Emotionen wie Verlegenheit, Scham, Schuld, aber auch Stolz oder Eifersucht. Diese Emotionen lassen sich nicht mehr eindeutig durch einen bestimmten Gesichtsausdruck erfassen. Der Begriff selbstbewusst spiegelt die Tatsache wider, dass solche Emotionen eine Bewertung der eigenen Person in Bezug zur sozialen Umwelt darstellen. Eine minimale Voraussetzung für die Entwicklung dieser Emotionen stellt die Fähigkeit der Selbstrepräsentation, Selbsterkenntnis bzw. des Selbstbewusstseins dar (Rouge-Test, z. B. Lewis, 2011).

Selbstbewusste Emotionen – Der Rouge-Test

Das Labor von Michael Lewis an der Rutgers-Universität in den USA hat eine Vielzahl seiner Untersuchungen dem Gebiet der selbstbewussten Emotionen gewidmet. Zunächst galt es, herauszufinden, ab welchem Alter Kinder ein Bewusstsein für das eigene Selbst entwickeln und erkennen, dass sie eine eigene Person sind, mit eigenen Zielen und einem eigenen Willen. In einer Studie wurden daher Kinder verschiedenen Alters getestet: Michael ist 14 Monate alt. Ein Forscher schmiert etwas Lippenstift auf seine Nasenspitze. Dann wird er vor einen Spiegel gesetzt, um zu sehen, ob er sich selbst im Spiegel erkennt. Er ist noch zu jung, um zu wissen, dass er selbst es ist, den er im Spiegel sieht. Er denkt, es sei ein anderer kleiner Junge, er versucht ihn zu finden und schaut hinter den Spiegel. Mohammed ist ein paar Monate älter als Michael. Wird er den Punkt auf seiner Nase bemerken? Mohammed starrt nur in den Spiegel. Mit 17 Monaten ist er immer noch zu jung, um sich seiner selbst bewusst zu sein. Helen ist 24 Monate alt. Sie schaut in den Spiegel und ist verdutzt. Als sie ein zweites Mal hineinsieht, reibt sie ihre Nase. Die 22 Monate alte Sienna bemerkt ebenfalls den Punkt auf ihrer Nase: Indem sie ihre Nase berührt, deutet sie darauf hin, dass sie sich selbst im Spiegel erkennt. Diese und andere Studien zeigen, dass Selbstbewusstheit von Kindern um das zweite Lebensjahr herum erreicht wird.

Sienna wird eingeladen, an der nächsten Stufe des Experiments teilzunehmen. Das Forschungsteam will nun wissen, ob das Gefühl der Verlegenheit mit der Selbsterkenntnis zusammenhängt. Sienna kommt in einen Raum mit lustigen, spannenden Spielsachen, mit denen sie sich schnell zu beschäftigen beginnt. Plötzlich ruft die anwesende Forscherin und Siennas Vater ihren Namen und zeigen mit dem Finger auf sie. Die erste Form von Verlegenheit tritt ein, wenn Personen im Zentrum der Aufmerksamkeit stehen. Sienna hört auf zu spielen, lächelt verlegen und berührt ihren Körper – klassische Zeichen von Verlegenheit.

Danach wird der 17 Monate alte Mohammed getestet. Er war eines der Kinder, die sich im Spiegel nicht selbst erkannt hatten. Egal wie oft seine Mutter und die Forscherin auf ihn zeigen und seinen Namen rufen – er reagiert nicht mit Verlegenheit, schaut nur kurz auf und spielt weiter. Das Forschungsteam schließt daraus, dass das selbstbewusste Gefühl der Verlegenheit erst dann auftritt, wenn Kinder sich selbst erkennen.

selbstbewertende Emotionen

Das relative frühe Auftreten von Verlegenheit im Laufe des zweiten Lebensjahres gehört zu den ersten Äußerungen sekundärer Emotionen, gefolgt von Empathie als Mitempfinden einer Emotion, die andere erleben. Lewis nennte diese Emotionen „selbstbewusst exponiert", weil sie insbesondere in Situationen mit erhöhter sozialer Aufmerksamkeit auftreten. Selbstbewertende Emotionen entwickeln sich demgegenüber später. Sie erfordern über das Selbstkonzept hinaus unterschiedliche kognitive Fähigkeiten, etwa die Repräsentation von persönlichen oder gesellschaftlichen Standards, Normen und Regeln des sozialen Umfeldes und die Fähigkeit, sich daran zu messen oder damit zu vergleichen. So wird die Entwicklung von Stolz und Scham zudem mit der Entwicklung eines Konzeptes der eigenen Tüchtigkeit in Verbindung gebracht (vgl. auch die Forschung zur Leistungsmotivationsentwicklung). Stolz und Scham spielen eine wichtige Rolle als positive und negative Anreize zum Leistungshandeln. Nachweisen lassen sich erste Stolz- und Schamreaktionen bei Kindern im Alter zwischen zwei und dreieinhalb Jahren.

über Emotionen sprechen

Ab einem Alter von circa zwei Jahren beginnen Kinder über ihre Emotionen zu sprechen – zunächst nur über vorhandene Basisemotionen und eigene Reaktionen: „Emma weint, Emma traurig." Im Laufe des dritten Lebensjahres differenzieren die Kinder diese Fähigkeit weiter aus. So können Dreijährige ggf. zum Ausdruck bringen (erklären), weshalb sie eine bestimmte Emotion erleben. In dieser Phase nimmt auch die Fähigkeit zur Regulation von Emotionen deutlich zu. Manchmal sind die Kinder schon in der Lage, eigene Regulationsstrategien (z. B. das geliebte Kuscheltier ganz festhalten, sich umdrehen oder weggehen) anzuwenden. Trotzdem sind Kinder in diesem Alter bei der Emotionsregulation immer noch auf die sensible Interaktion mit ihren Bezugspersonen angewiesen. Sie sollten Kindern regulativ zur Seite stehen, wenn deren Regulation versagt.

Mädchen- und Jungengefühle

Nahe Bezugspersonen haben einen wichtigen Einfluss auf das Zeigen von Emotionen, indem sie bestimmte Emotionsäußerungen verstärken. Dies scheint, abhängig vom Geschlecht des Kindes, auf unterschiedliche Weise zu erfolgen. So werden bei Mädchen eher submissive Ausdrücke (passive, unterwürfige, demütige Reaktionen) verstärkt (Chaplin & Aldao, 2013). Auch interkulturelle Unterschiede spielen eine Rolle.

kulturelle Prägung von Gefühlen

In kollektivistischen Kulturen mit einer hohen Wertschätzung harmonischer Sozialbeziehungen sind Mütter schon früh bemüht, bei Säuglingen / Kleinkindern Ärger-Reaktionen zu antizipieren und gar nicht erst aufkommen zu lassen. In westlichen Kulturen wird Ärger geduldet und teilweise als Mittel zur Selbstbehauptung positiv bewertet. Der soziale Aspekt von Emotionen kommt auch in der Neigung zur Abschwächung negativer Emotionsausdrücke und zur Übertreibung positiver Emotionen zum Ausdruck.

emotionales Klima

Wichtig für die Emotionsentwicklung ist ein positives emotionales Klima in Familie und/oder Kindergruppe. Es zeichnet sich durch Zusammenhalt, wenig Konflikte und Feindseligkeit, Positivität und eine konstruktive Haltung zu Problem- bzw. Konfliktlösungen aus. Von zentraler Bedeutung ist es, die kindlichen Emotionen ernst zu nehmen und den Kindern zu zeigen, dass ihre Emotionen bedeutsam sind. Erwachsene Bezugspersonen, die bei sich selbst Emotionen eher als störend empfinden oder ihnen kaum Beachtung schenken, tendieren dazu, diese Haltung auch gegenüber den Emotionen des Kindes einzunehmen. Vor allem negative Emotionen werden dann häufig bagatellisiert, Ablenkungsstrategien angewendet oder die Emotionen mitunter bestraft. Kinder können in solchen Interaktionen wenig lernen und ihre Fähigkeit, Emotionen sinnvoll zu regulieren, wird dabei nicht gestärkt.

emotionaler Umgang mit Kindern

Bei Kindern in den ersten Lebensjahren sollten Erwachsene daher ihre Kommunikation ganz besonders auf das Kind abstimmen. Eine rein verbale Kommunikation ist insbesondere für sehr kleine Kinder oder den Säugling in vielen Fällen nicht adäquat. Ergänzend sind Mimik, Gestik und eine entsprechende Lautierung (Baby-Talk) einzusetzen, indem z. B. der Gesichtsausdruck des Kindes gespiegelt und dazu gesprochen wird. Aber auch Körperkontakt und sanfte Berührungen spielen eine große Rolle im emotionalen Dialog mit jungen Kindern (z. B. ein Baby zu tragen oder es leicht zu wiegen). In Emotionstrainings für Eltern / Bezugspersonen werden u. a. folgende Hinweise zur Anwendung empfohlen:

1. sich der Emotionen der Kinder bewusst werden,
2. die Gefühlsäußerungen der Kinder als Gelegenheit begreifen, ihnen nahe zu sein und ihnen etwas zu vermitteln,
3. mitfühlend zuhören und die kindlichen Emotionen bestätigen,

4 dem Kind helfen, seine Emotionen in Worte zu fassen,

5 Grenzen setzen, dem Kind aber gleichzeitig dabei helfen, sein Problem zu lösen.

emotionales Verhalten unter Kindern

Kleinkinder, die Gelegenheit haben, zusammen mit anderen Kindern in Spielgruppen, der Kindertagespflege oder in Kindertageseinrichtungen zu spielen und zu lernen, entwickeln ihre emotionalen (und sozialen Kompetenzen) auch in der Interaktion mit anderen Kindern ständig weiter. Sie schließen Freundschaften, sie erleben Nähe (Abb. 16), aber auch Rivalität und erproben erste Konfliktlösungsstrategien. Beziehungen zu anderen Kindern spielen schon von Beginn an eine wichtige Rolle. Gemeinsam mit- und von anderen Kindern zu lernen, stellt eine wesentliche Quelle für kindliches Wohlbefinden und Glück dar.

Abb. 16: Emotionales Verhalten unter Kindern

2.5.3 Emotionsregulation

Die Emotionsregulation bildet eine grundlegende Komponente der sozialen Kompetenz und kann damit als Gradmesser für kindliche Anpassungsfähigkeit betrachtet werden. Zur Emotionsregulation gehören Verhaltensweisen, Fähigkeiten und Strategien, die dazu dienen, emotionale Erfahrungen sowie Ausdrücke umzulenken, zu modulieren, zu modifizieren und zu kontrollieren, um sich in emotionalen Situationen angemessen zu verhalten. Diese Prozesse können bewusst oder unbewusst, automatisch oder gelenkt stattfinden. Nach einer allgemein geteilten Definition von

Thompson (1994) ist damit die Fähigkeit gemeint, Emotionen in ihrer Qualität, Intensität, Häufigkeit, ihrem Verlauf und Ausdruck nach Maßgabe eines gesetzten Ziels modifizieren zu können.

Ko-Regulation von Gefühlen

Durch die angemessene Deutung noch ungerichteter kindlicher Ausdrucks- und Körperreaktionen, die Spiegelung in ihrem eigenen Ausdruck in Form prägnanter Ausdruckssymbole und die sehr zeitnahe Reaktion mit motivdienlichen Bewältigungshandlungen vervollständigen Bezugspersonen die kindlichen Vorläuferemotionen zu funktionsfähigen motivdienlichen Emotionen. Der kindliche Emotionsprozess ist demnach zunächst unter Kind und Bezugsperson aufgeteilt, zusammen agieren sie als ein koreguliertes System.

Selbstregulation von Gefühlen

Aus dieser interpersonalen Emotionsregulation, die von der Bezugsperson initiiert wird, entwickelt das Kind im Laufe des zweiten Lebensjahres eine selbstständigere Regulation zunächst in der Weise, dass es von sich aus aktiv die Regulationsunterstützung der Bezugsperson einfordert. Zunehmend wird es dann fähig, motivdienlichen Handlungen auch selbstständig, ohne soziale Unterstützung, auszuführen und die Befriedigung seiner Motive mit seiner sozialen Umwelt und mit den situativen Anforderungen zu koordinieren. Dabei spielen die Entstehung selbstbewertender Emotionen wie Stolz, Scham und Schuld sowie die Entstehung symbolvermittelter Emotionsregulationsstrategien eine wesentliche Rolle. Bis zum ersten Geburtstag erweitert sich das Repertoire an Regulationsstrategien. Hierfür sind die motorische Entwicklung (zweite Hälfte des ersten Lebensjahres) und das soziale Referenzieren ausschlaggebend (Abb. 17).

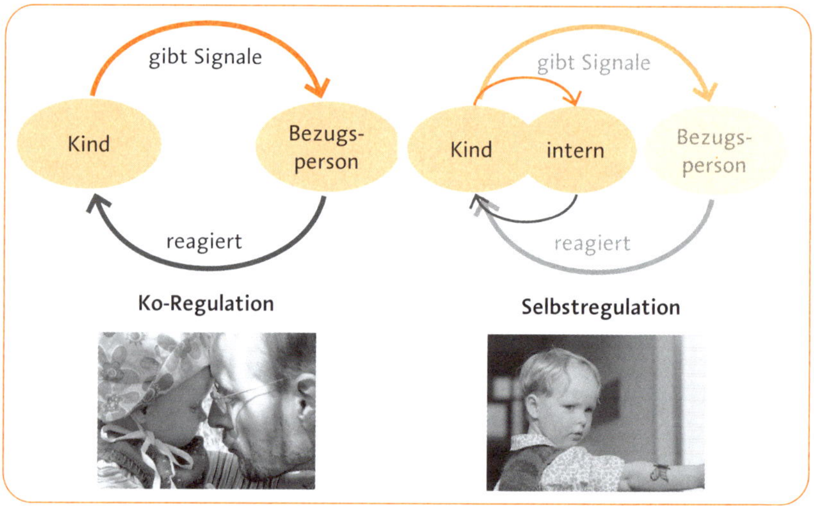

Abb. 17: Von der Ko- zur Selbstregulation

Ab Mitte des zweiten Lebensjahres ist für die Emotionsregulation vor allen Dingen auch der sich rasch vollziehende Spracherwerb maßgeblich. Er führt zu einer Zunahme an Äußerungen bezüglich des emotionalen Erlebens, der eigenen emotionalen Befindlichkeit sowie der zunehmenden Benennung von Ursachen und Folgen von Emotionen. Gespräche mit Bezugspersonen über Gefühle fördern darüber hinaus die affektive Perspektivenübernahme.

Selbstregulation über Sprache

Im Säuglings- und Kleinkindalter lassen sich insbesondere die folgenden Regulationsstrategien unterschieden:

Regulationsstrategien

1. **Interaktive Regulationsstrategien:** eigenständig mit Bezugspersonen Kontakt aufnehmen, um Unterstützung, Trost, Zuwendung zu erhalten (Abb. 18)
2. **Aufmerksamkeitslenkung:** Aufmerksamkeit von der Erregungsquelle abwenden und auf einen anderen Stimulus lenken
3. **Selbstberuhigungsstrategien:** durch selbstberuhigende Verhaltensweisen wie Saugen oder Schaukeln das eigene Gleichgewicht finden
4. **Rückzug aus der emotionsauslösenden Situation:** (mit zunehmenden motorischen Fähigkeiten) Wegkrabbeln oder Weglaufen
5. **Manipulation der emotionsauslösenden Situation:** durch spielerische Aktivität Freude erzeugen
6. **Externale Regulationsstrategien:** Emotionen körperlich ausagieren

Abb. 18: interaktive Regulation

Aus Kleinkindern, die sich in ihrem Verhalten und Handeln noch ausschließlich von Emotionen leiten lassen, werden Kinder, die es mit zunehmendem Alter immer besser verstehen, ihren Emotionen nicht mehr freien Lauf zu lassen, sondern diese zu regulieren, um beispielsweise ein übergeordnetes Motiv befriedigen zu können. Die Häufigkeit und Intensität von Emotionen nimmt im Laufe der Ontogenese ab, dies hängt insbesondere mit der Zunahme an reflexiven Regulationsanteilen während der Entwicklung zusammen.

Holodynski, M. & Oerter, R. (2018). Emotion. In W. Schneider & U. Lindenberger (Hrsg.). Entwicklungspsychologie (S. 513–536). Weinheim/Basel: Beltz.

Holodynski, M. (u. Mitarbeit von w. Friedelmeier) (2006). Emotion, Entwicklung und Regulation. Heidelberg: Springer.

Roos, J. (2009). Stolz, Scham, Peinlichkeit und Schuld. In V. Brandstätter & Otto, J. H. (Hrsg.). Handbuch der Allgemeinen Psychologie: Motivation und Emotion (S. 264–271). Göttingen: Hogrefe.

1 Welche theoretischen Ansätze lassen sich in der Emotionsforschung unterscheiden und wie ergänzen sie sich?

2 Welche Regulationsstrategien nutzen Säuglinge bereits in den ersten Lebensmonaten zur intrapsychischen Verhaltensregulation?

3 Welche Emotionen lassen sich den selbstbewussten Emotionen zurechnen und welche Voraussetzung bedingt ihr Auftreten?

2.6 Soziale Entwicklung

Lerntheoretisch oder auch psychoanalytisch orientierte Theorien nahmen zunächst an, Kinder würden „unsozial" geboren, erst allmählich in eine soziale Welt hineinwachsen und so zu sozialen Wesen werden. Inzwischen geht die Entwicklungspsychologie davon aus, dass menschliche Säuglinge schon mit diversen sozialen Bedürfnissen auf die Welt kommen. Ihre Verhaltensausstattung ist auf Sozialkontakt angelegt. Anfangs ist die soziale Umwelt überlebenswichtiger als die dingliche, denn Babys sind rein körperlich betrachtet noch hilflos. Wie im vorherigen Kapitel beschrieben brauchen sie andere Menschen, um ihre Bedürfnisse und emotionalen Befindlichkeiten regulieren zu können. Die Anforderungen an externe Regulationshilfen stehen beim Säugling in einem dynamischen Wechselspiel mit biologischen bzw. dispositionellen (angeborenen oder reifungsabhängigen) Bedingungen. Wobei auf Seiten des Kleinkindes temperamentsbedingte Aspekte wie Reaktivität oder Selbstberuhigungskompetenzen eine bedeutsame Rolle spielen.

2.6.1 Entwicklungsschritte in den ersten drei Lebensjahren

soziale Beziehung als Fötus

Bereits während der Fötalzeit, dem Entwicklungsabschnitt vom Ende der Embryonalzeit bis zur Geburt, hat das Ungeborene Gelegenheit zur Kommunikation mit seiner inneren und äußeren Umwelt. Der Fötus lernt im Laufe des intrauterinen Heranwachsens auf immer differenziertere und angemessenere Weise, auf alle von ihm wahrgenommenen Reize zu reagieren. Von wissenschaftlicher Seite her wird deshalb dafür plädiert, bereits Föten ein möglichst wohltuendes und anregendes Milieu zur Verfügung zu stellen. Dies ist in erster Linie dann gewährleistet, wenn es der Mutter gut geht und sie ihre Schwangerschaft als bereichernde und erfüllte Zeit erleben kann. Eine intensive positive Kommunikation der Mutter mit ihrem ungeborenen Kind und gezielte, wohldosierte Anregungen von außen, z. B. von Seiten des Vaters oder anderen nahen Bezugspersonen (Geschwistern), können darüber hinaus dazu beitragen, dass der Fötus unter optimalen Entwicklungsbedingungen heranwächst.

angeborene Verhaltensmuster

Es ist davon auszugehen, dass frühkindliches Verhalten evolutionsbiologisch geprägt ist. Gleichzeitig kann angenommen werden, dass evolutionär entstandene Programme auch das Verhalten der Bezugspersonen bestimmen/steuern. Damit wird das Überleben des Säuglings gesichert („intuitives Elternverhalten“, Derksen & Lohmann 2013; Papoušek & Papoušek 1987; Weber et al. 2010; Ziegenhain 2008). Schon Neugeborene zeigen Ansätze von sozialer Interaktion und Kommunikation. Sie sind aber noch nicht bewusst oder gezielt auf Mitmenschen ausgerichtet, sondern signalisieren eine grundlegende Bereitschaft, sich sozial zu entwickeln. Mit ihrem ganzen Körper und Verhalten geben Neugeborene Zeichen der Offenheit oder Belastetheit („Feinzeichen"), auf die Erwachsene in der Regel intuitiv, d.h. ohne sich dessen ausdrücklich bewusst zu sein, angemessen reagieren und Anregungen geben. Bezugspersonen sind für Säuglinge „externe Regulationshilfen", die das Kind dabei unterstützen, wechselnde Erregungszustände und damit verbundene Emotionen zu regulieren und zu modulieren.

In den ersten Lebensmonaten sind Feinzeichen/Belastungszeichen des Kindes wichtige Signale für Bezugspersonen und unterstützen die Verhaltensregulation. Die körperlichen Ausdruckszeichen sind unmittelbar am Kind ablesbar und werden meist intuitiv von Bezugspersonen verstanden. Von Geburt an besitzen Babys bestimmte Reaktionsweisen, die dazu beitragen, dass eine Beziehung zu anderen Menschen aufgebaut werden kann:

- Babys können ihre Umwelt mit allen Sinnen wahrnehmen und darauf reagieren.
- Bereits im Alter von wenigen Tagen können Säuglinge mimische Gesten nachahmen (frühkindliche Imitation), die ihnen in ihrem Blickfeld dargeboten werden (z.B. Öffnen des Mundes oder Herausstrecken der Zunge).
- Sie zeigen eine besondere Vorliebe für menschliche Stimmen und das menschliche Gesicht.
- Durch Körperhaltung, Gesichtsausdruck, Blickverhalten und schließlich auch durch Laute (Schreien) sind sie in der Lage, ihre Bedürfnisse, Befindlichkeiten und Interessen mitzuteilen.

Bindungsverhalten

Säuglinge aktiveren über bestimmte Signale das Bindungssystem (u.a. den Ausdruck primärer Emotionen im Verhalten wie etwa Weinen, Lächeln aber auch Quengeln). Aufgabe der Bezugspersonen ist es, die Signale wahrzunehmen, zu verstehen und mit Hilfe bei der Bedürfnisbefriedigung zu reagieren (interpersonale Emotionsregulation, Kap. 2.5.3), positive Emotionen zu verstärken und negative zu reduzieren. Das Fürsorgesystem trägt über geeignete Verhaltensweisen (z.B. Aufnehmen, Streicheln, Wiegen, beruhigendes Sprechen, Trösten, Singen) wesentlich dazu bei.

Physiologisch aufgebaute, körperliche Spannung bauen Säuglinge meist sehr schnell wieder ab, wenn sie von Bezugspersonen auf den Arm genommen werden. Säuglinge sind von ihrem genetischen Potenzial Traglinge;

darauf weisen schon die zumeist gebeugten Gliedmaßen und der ausgeprägte Greifreflex hin. Vom Körper der tragenden Bezugsperson aus empfindet und erfährt das Baby seine neue Umwelt in einem Gefühl der Sicherheit. Gleichzeitig ist Anregung über alle Sinneskanäle möglich. Das Baby kann jederzeit Informationen aufnehmen, sich gegebenenfalls aber auch von den vielen neuen Umwelteindrücken zurückziehen, ausruhen oder einschlafen.

Diese evolutionär geprägten und genetisch determinierten Verhaltenstendenzen bzw. Adaptionsprozesse sind aufeinander abgestimmt und beeinflussen die Interaktion zwischen Kind und Bezugsperson. Die Verhaltenssysteme sind die Grundlage für Bonding und Bindung, die soziale Beziehungen definieren. Durch sie wird Nähe zwischen dem Kind und einer erwachsenen Bezugsperson hergestellt und aufrechterhalten.

Bonding-Phase

Unmittelbar nach der Geburt, in der sogenannten Bonding-Phase – der sensiblen Phase für Mutterschaft (auch Ahnert, 2022) – manifestiert sich die soziale Ansprechbarkeit und Reaktionsfähigkeit der Neugeborenen deutlich: Trotz aller Strapazen sind Säuglinge unmittelbar nach der Geburt besonders wach und ansprechbar. Das wurde offenbar von der Natur so eingerichtet, um die Ausbildung einer tiefen gefühlsmäßigen Bindung der Eltern an ihr Kind anzubahnen. Diese bezeichnet man auch als Bonding. Auf Seiten der Mütter unterstützt u. a. die erhöhte Produktion des Hormons Oxytocin während des Geburtsvorgangs als biologischer Mechanismus die Bereitschaft zur Nachwuchsbetreuung und schirmt gleichzeitig gegen Störeinflüsse ab.

Bindungs- und Fürsorgesystem

Die Bindungsentwicklung stellt die früheste Basis für das soziale Miteinander dar. Als Bindung wird das emotionale Band zwischen Kind und Bezugsperson bezeichnet. Hier liegt der Fokus auf der Aktivität des Kindes, das sich an die Bezugsperson bindet. In der Bindungstheorie John Bowlbys (1969), dem Pionier der Bindungsforschung, wird zwischen einem Bindungssystem auf Seiten des Kinds und einem Fürsorgesystem (Pflegeverhalten) auf Seiten der Bezugspersonen unterschieden.

Kinder bilden auf Grundlage früher Interaktionserfahrungen Präferenzen für bestimmte Bezugspersonen aus und zeigen ein Repertoire spezifischer Bindungsverhaltensweisen (z. B. Weinen, Quengeln, Lächeln, Blickkontakt, frühkindliche Imitation), um bei Bedrohung oder Verunsicherung Nähe und Sicherung, aber auch emotional-psychische Sicherheit der Bezugsperson zu erhalten bzw. das Fürsorgesystem der Bezugspersonen zu aktivieren (Bindungssystem des Säuglings). Das Fürsorgesystem dient umgekehrt dazu, durch geeignetes Fürsorgeverhalten die Bedürfnisse der Kinder nach Nähe und Sicherheit zu befriedigen.

Abb. 19: Sichere Bindung

Feinfühligkeit der Bezugsperson

Dabei spielt die Feinfühligkeit der Bezugsperson, die Fähigkeit, kindliche Signale wahrzunehmen (zu bemerken), richtig zu interpretieren sowie prompt und angemessen zu reagieren, eine entscheidende Rolle. Es muss auch zwischen verschiedenen Signalen differenziert und mit der richtigen Strategie geantwortet werden. Damit die Kinder lernen, den Zusammenhang zwischen eigener Befindlichkeit (ihren Signalen) und der Reaktion der Bezugsperson herzustellen, ist es wichtig, zeitnah zu reagieren. Kinder entwickeln auf diese Weise eine sichere Bindung (Abb. 19) und lernen die Bezugsperson als zuverlässige Person kennen, die sich kümmert, wenn sie gebraucht wird. Die Feinfühligkeit der Bezugsperson hängt positiv mit der Entwicklung einer sicheren Bindung zusammen.

Der Fremde-Situationstest

Die Art und Weise, wie sich Interaktionen zwischen Kindern und Bezugspersonen gestalten, wirkt sich auf die Qualität der Bindung aus. Nach Bowlby (1969) ist das Ziel von Bindung das Erreichen von Sicherheit. Mit der „fremde Situation" hat Mary Ainsworth, eine Schülerin von Bowlby, zusammen mit einem Forschungsteam (Ainsworth, Blehar, Waters & Wall, 1978) eine Beobachtungsmöglichkeit zur empirischen Erfassung der Bindungssicherheit entwickelt. Durch wiederholte Trennungssituationen von der Mutter soll experimentell das Bindungssystem aktiviert werden. Die „fremde Situation“ wird typischerweise mit Kindern im Alter von 12 bis 20 Monaten durchgeführt. In der klassischen Version besteht sie aus acht Phasen, in denen die Interaktionen mit einer in den Raum kommenden fremden Person (zunächst in Anwesenheit der Mutter), die Trennungen von der Mutter, die anschließenden Wiedervereinigungen von Mutter und Kind sowie die Balance zwischen Bindungs- und Explorationsverhalten beobachtet werden:

1 Mutter und Kind betreten ein Spielzimmer mit Einwegscheibe.

2 Sie akklimatisieren sich und das Kind kann den ungewohnten Raum erkunden.

3 Eine fremde Person tritt ein und nimmt mit der Mutter und dem Kind Kontakt auf.

4 Die Mutter geht, die fremde Person bleibt mit dem Kind zurück.

5 Die Mutter kehrt zurück und die fremde Person geht.

6 Die Mutter verlässt erneut den Raum, das Kind bleibt allein zurück.

7 Die fremde Person kommt hinzu.

8 Die Mutter erscheint und die fremde Person geht.

Der genaue Ablauf der „fremde Situation“ kann u. a. bei Lohaus und Vierhaus (2019) nachgelesen werden. Mit diesem Paradigma lassen sich vier charakteristische Bindungsmuster bzw. -typen, die zwischen Mutter und Kind bestehen, sowie dazugehörige elterliche Verhaltensweisen (Bindungserfahrungen in der Interaktion mit Bezugspersonen), die entsprechende Bindungstypen begünstigen, unterscheiden (Tab. 4).

Determinanten von Bindung

Die einzelnen Bindungstypen ergeben sich durch die Bindungserfahrungen der Kinder in Interaktion mit ihren nächsten Bezugspersonen. Bei der Häufigkeitsverteilung zeigen sich kulturelle Unterschiede. Die Angemessenheit von Bindungsformen ist daher kulturabhängig zu diskutieren und zu definieren. Prinzipiell können Kinder zu mehreren Bezugspersonen Bindungen entwickeln, auch wenn es hier bei uns meist (kulturabhängig) eine vermeintliche Hauptbezugsperson (Mutter) gibt. Bindungsmuster zwischen Kind und verschiedenen Bezugspersonen können variieren, woraus sich unter Umständen Kompensationsmöglichkeiten ergeben, wenn beispielsweise die Bindung zur Mutter unsicher ist. Andere Familienmitglieder oder Betreuungspersonen des Kindes (z. B. in Kindertageseinrichtungen und der Kindertagespflege) können Bindungsfunktionen übernehmen und damit für einen Ausgleich sorgen (Lohaus & Vierhaus, 2019; Kap. 1).

Tab. 4: Die vier Bindungstypen mit Häufigkeiten in westlichen Industrienationen und korrespondierende Verhaltensweisen der Bezugsperson

Bindungstypen	Verhaltensweisen der Bezugsperson
sicher gebunden: Kinder lassen sich schnell wieder beruhigen, wenn Mutter zurückkommt. 60–70 %	**prompt, verlässlich, freundlich**
unsicher vermeidend: Die Kinder erscheinen relativ ungestresst und selbstständig auf der Verhaltensebene, sind aber physiologisch gestresst. 15–20 %	**nicht sensitiv für Signale des Kindes:** Mutter vermeidet Körperkontakt und erwartet die eigenständige Regulation der Gefühle des Kindes.
unsicher ambivalent: Kinder empfinden Kummer, wenn sie alleingelassen werden; sie suchen Kontakt bei der Rückkehr der Mutter, widerstreben aber andererseits Kontaktversuchen der Mutter. 10–15 %	**manchmal herzlich und zugewandt, manchmal nicht ansprechbar/erreichbar**
desorganisiert gebunden: Die Suche nach Nähe wird kurz vor dem Körperkontakt abgebrochen. Grimassieren: Angstreaktion auf Rückkehr der Mutter. 5–10 %	**überzufällig oft Missbrauchshandlungen**

Die Stabilität von Bindungsmustern kann variieren, da im Laufe der Zeit immer neue Bindungserfahrungen gemacht werden, die zu den bisherigen im Widerspruch stehen können. Auch kritische Lebensereignisse spielen dabei mitunter eine Rolle. Wie verschiedene Bindungen interagieren, ist bisher nicht ausreichend erforscht. Hohe Stabilitäten sind in der Regel dann zu beobachten, wenn im Laufe der Zeit nur wenige Beziehungsveränderungen erlebt werden bzw. stattfinden.

soziales Lächeln

Zur Aktivierung des Fürsorgesystems gehört u. a. das soziale (Wider-) Lächeln. Es manifestiert sich erstmals ab einem Alter von zwei Monaten (Kap. 2.5) und wird dann überwiegend exogen ausgelöst (Abb. 20). Bevorzugter Auslöser ist das Gesicht eines Gegenübers, insbesondere die Augenpartie. Zunächst wird auch auf dargebotene Gesichtsschemata mit Lächeln reagiert, später nur noch auf ein wirklich menschliches Gesicht und mit ca. 30 Wochen reagieren Säuglinge bevorzugt auf freundliche Gesichter mit einem Lächeln. Das Lächeln ist eine Einladung zur Beschäftigung mit dem Baby. Wachsendes Selbstempfinden ab etwa zwei, drei Monaten wie auch die inzwischen verbesserte Kopfkontrolle und das schärfere Sehen wirken sich ebenfalls positiv auf das soziale Miteinander aus. Spätestens mit etwa drei Monaten teilt das Baby seine Welt in eine soziale und eine dingliche Welt ein – nach Trevarthen (1982) sowie Tomasello (2002) als „1. Soziale Revolution" bezeichnet: Soziales Widerlächeln, intensive Erkundung des Gesichts der nahen Bezugspersonen und vermehrte vokale Kommunikation kennzeichnen sie.

dyadische Interaktion

Bereits gegen Ende des zweiten Lebensmonats produzieren Säuglinge die ersten Lautäußerungen, auf die Bezugspersonen ebenfalls positiv und dadurch bekräftigend antworten. Vom vierten Lebensmonat an reagieren Säuglinge auf sich nähernde Bezugspersonen strampelnd und freudig erregt und lassen sich von diesen schon in erste Lautdialogmuster verwickeln. Verantwortung für diesen dialogischen Prozess übernimmt zunächst die Bezugsperson, wobei die Interaktion mit einer spontanen Lautäußerung des Säuglings beginnt. Bezugspersonen greifen die Lautäußerungen in den

Abb. 20: Soziales Lächeln

Pausen auf und führen diese fort – geben eine Antwort und behandeln die Laute so als besäßen sie kommunikative Bedeutung („turn-taking").

Neben der zeitlichen Koordination ist dabei auch die geteilte Stimmungslage bzw. der emotionale Ausdruck ein wichtiges Element der sozialen Interaktion. Die frühe Synchronizität und emotionale Passung dieses Austausches ist ausschlaggebend für das psychische Wohlbefinden von Babys. Die Aufmerksamkeit von Kind und Bezugsperson gilt dem jeweiligen Interaktionspartner bzw. der jeweiligen Interaktionspartnerin. Um diese Zeit herum nimmt das Interesse des Kindes an allem, was mit Sprache und Sprechen zu tun hat (z. B. sprachliche Laute, Melodie und Rhythmus der Stimme, Lippen- und Mundbewegungen) deutlich zu. Säuglinge sind jetzt auch schon in der Lage, unterschiedliche (sozial relevante) Gefühlszustände – sei es nun Freude oder Kummer, Missfallen oder Interesse – deutlich auszudrücken.

triadische Interaktion

Vom fünften Lebensmonat an interessieren sich Babys zunehmend stärker auch für Gegenstände in ihrem Nahbereich, was auch damit zusammenhängen dürfte, dass sich ihre Auge-Hand-Koordination signifikant verbessert hat und Greifbewegungen daher viel gezielter ausgeführt werden können. In die zunehmend differenzierteren sozialen Interaktionen mit ihren Bezugspersonen werden immer häufiger Dinge der Umwelt einbezogen. Interaktionen beinhalten jetzt drei Elemente – kognitiv wird dazu die Fähigkeit zur geteilten Aufmerksamkeit („joint attention") vorausgesetzt. Diese Fähigkeit ermöglicht es Kindern, Erfahrungen mit ihren Interaktionspartner:innen zu teilen. Sie gilt als Grundlage für viele weitere soziale Fähigkeiten. Verschiedene Studien haben gezeigt, dass die geteilte Aufmerksamkeit auch den Spracherwerb unterstützt (etwa Dunham & Dunham, 1992).

Zeigegesten

Zeigegesten werden ebenfalls schnell erlernt und schon vom sechsten Lebensmonat an sind Beschäftigungsvorlieben zu erkennen. Das Prinzip der Wechselseitigkeit wird in der Folgezeit immer wichtiger. Die Zeigegeste bzw. das imperative Zeigen kann als instrumentelle Handlung verstanden werden, damit können andere Personen als Mittel zum Zweck benutzt werden. So kann das Kind ausdrücken, was es haben möchte: „Ich zeige auf etwas, du gibst es mir." Außerdem entlocken Zeigegesten Bezugspersonen Wörter. Gesten, die ein Kind im Rahmen der sozialen Kommunikation vollführt, tauchen einige Monate später als Worte oder grammatikalische Strukturen in der Sprache wieder auf.

sprachlicher Austausch

Vom siebten Lebensmonat an verbessern sich die kommunikativen Fähigkeiten der Kleinkinder dadurch weiter, dass sie in Plapperdialogen mit ihren Bezugspersonen immer besser lernen, zum jeweils angemessenen

Zeitpunkt die Rolle des Sprechers oder der Sprecherin bzw. des Zuhörers oder der Zuhörerin einzunehmen. Mit ca. acht bis zehn Monaten sind Babys in der Lage, im sozialen Dialog mit einer Bezugsperson über einen Gegenstand zu kommunizieren. Das Baby hält der Bezugsperson ein Objekt hin, schaut die Bezugsperson an und achtet darauf, dass die Bezugsperson ebenfalls das Objekt anschaut. Dieses Phänomen wird als „2. Soziale Revolution“ (Tomasello, 2002) bezeichnet. Sie stellt eine wesentliche Besonderheit menschlicher Entwicklung dar und weist auf die Bereitschaft von Kleinkindern hin, unter Mitwirkung erwachsener Bezugspersonen zu lernen. Im Unterschied zu ebenfalls sozial ausgerichteten Tieren (z. B. Hunden) wendet sich das Kind nicht nur dann an den Erwachsenen, wenn es etwas haben will, sondern auch und vor allem, um etwas mitzuteilen, aber auch um Wissen zu erfragen oder seine Freude bzw. seinen Kummer mit anderen zu teilen (Tomasello, 2002).

Fremdeln

Um den achten Lebensmonat herum beginnen viele Kinder zu fremdeln: Sie reagieren irritiert, furchtsam, zuweilen sogar mit starker Angst und Weinen, wenn ihnen fremde, nicht vertraute Personen zu nahe kommen. Um diese Zeit stabilisiert sich die Personenpermanenz und die Kinder drücken zunehmend deutlicher aus, wenn sie ihre Hauptbezugsperson vermissen. In Abhängigkeit von den mütterlichen Reaktionen bzw. der wichtigsten Bezugsperson werden nun die Fundamente für eine (mehr oder weniger) positive und tragfähige Bindung gelegt.

In den folgenden Monaten wird das Kind nicht nur motorisch immer beweglicher – es lernt krabbeln, sich aufzurichten und mit Unterstützung zu stehen und gegen Ende des ersten Lebensjahres die ersten Schritte zu gehen –, sondern auch sprachlich zunehmend kompetenter (das passive Verstehen von Silbenfolgen und ersten Wörtern geht dabei dem aktiven Nachsprechen von Lauten und Wörtern voraus; s. Kap. 2.4). Auch seine sozialen Interaktionen werden dadurch zunehmend differenzierter.

Veränderungen im zweiten und dritten Lebensjahr

Im zweiten Lebensjahr sind Kinder noch ganz und gar im Hier und Jetzt eingebunden. Das zeigt sich unter anderem an ihrer Emotionalität: Emotionen können noch nicht gesteuert oder reguliert werden, sondern entladen sich eher; außerdem wechseln sie häufig. Allerdings differenziert sich das Spektrum sozial bedeutsamer Emotionen im Laufe des zweiten Lebensjahres beständig. Die Kinder drücken ihre Ablehnung oder Zustimmung nicht nur mimisch, sondern mit dem ganzen Körper deutlich aus und können wütend, verärgert, gekränkt, beleidigt, erfreut, erschreckt oder traurig reagieren – in Abhängigkeit von vorangegangenen Ereignissen und Situationen. Vorausgesetzt, sie fühlen sich sicher gebunden, suchen sie nun von sich aus aktiv Nähe und Körperkontakt zu ihren Bezugspersonen.

Die Aufmerksamkeitsspanne der Kinder ist noch relativ gering, ebenso die Arbeitsgedächtniskapazität. Daraus ergibt sich Ablenkbarkeit – beispielsweise von einem Kummer, den sie gerade empfinden. Zu Beginn des zweiten Lebensjahres haben Kinder zumeist schon gelernt, auf Verbote zu hören. Regeln können sie allerdings noch kaum zuverlässig einhalten, da eine Verinnerlichung von Verhaltensstandards noch nicht stattgefunden hat.

Peer Interaktionen

Schon in diesem Alter (und auch früher) sind die Kinder gern mit Altersgleichen (Peers) zusammen. Diese werden nicht in erster Linie wegen des Alters, sondern vielmehr nach Entwicklungsstand und sozialem Rang ausgesucht. Zuweilen ahmen Kinder einander nach oder nehmen sich gegenseitig Spielsachen weg. Wenn sie spielen, tun sie dies nicht mit, sondern eher nebeneinander (Parallelspiel), schauen sich dabei aber hin und wieder an und gegenseitig zu – Interesse an den Aktivitäten anderer Kinder werden sichtbar (assoziatives Spiel).

Blickkontakt zu anderen Kindern wird bereits im Alter zwischen sechs und zwölf Monaten aufgenommen. Er führt jedoch nicht zur Interaktion. Auch Berührungen lassen sich früh, im Alter von drei und vier Monaten registrieren, Lächeln und Lautäußerungen mit sechs Monaten. Kinder im Krabbelalter bewegen sich aufeinander zu und folgen einander. Viele „Initiativen" oder Kontaktversuche zwischen Kindern im ersten Lebensjahr bleiben allerdings ohne Resonanz. Es handelt sich wohl eher um genetische frühe Bausteine für spätere interaktive Verhaltensweisen.

Zwischen dem 15. und 17. Lebensmonat werden viele Kinder zunehmend geselliger. Das zeigt sich zum einen darin, dass sie ihren Bezugspersonen nicht mehr von der Seite weichen und alles, was diese tun, nachmachen wollen. Zum anderen verhalten sie sich sozialer, wenn sie mit anderen Kindern zusammen sind, schauen häufiger zu und nehmen ihnen seltener etwas weg. Weil die Beweglichkeit deutlich zugenommen hat, wächst auch der Radius ihrer (nicht nur sozialen) Betätigungsmöglichkeiten: Ob in der Wohnung, auf dem Spielplatz oder in der Krippe – die Kinder werden zunehmend unternehmungslustiger und explorativer.

das Selbst und andere unterscheiden

In der zweiten Hälfte des zweiten Lebensjahres bahnt sich ein qualitativer kognitiver Wandel an, der wahrscheinlich durch vorangehende neuronale Reifungsprozesse eingeleitet wird: Die Kinder erkennen sich selbst in ihrem Spiegelbild und begreifen langsam, dass sie ein eigenes Ich, eine eigene Identität haben und sich von anderen unterscheiden. Dinge in ihrem Nahbereich und persönlichen Umfeld werden als zu ihnen selbst gehörig erlebt und die Kinder bilden auf diese Weise allmählich Vorstellungen von „Mein" und „Dein" aus. So bestehen sie zum Beispiel darauf, ihren Platz am Tisch einzunehmen und ihr Spielzeug für sich allein zu haben. Die dritte Soziale

Revolution hat sich ereignet. Ihre neuen Einsichten ermöglichen es ihnen jetzt auch, immer zutreffender vorwegzunehmen, ob ihre Handlungen auf Zustimmung oder Ablehnung bei ihren Bezugspersonen stoßen werden.

Auch das Interesse der Kinder an Abbildungen aller Art nimmt in dieser Zeit merklich zu: Mit Bezugspersonen Bilderbücher anzuschauen bereitet ihnen zunehmend Spaß, weil sie immer mehr Zusammenhänge und Handlungsabläufe begreifen können. In Bildergeschichten dargestellte einfache Handlungsabfolgen, die den eigenen Alltag repräsentieren (z. B. das Baby wird von der Mutter gefüttert, macht über der Schulter der Mutter ein Bäuerchen, bekommt dann die Windeln gewechselt und wird anschließend ins Bettchen gelegt) können Kinder mit eineinhalb Jahren schon nachvollziehen und verstehen. Überhaupt nimmt nun das Verständnis für Dinge des sozialen Miteinanders rasch zu.

Fortschritte im Spielverhalten

Im zweiten Lebensjahr werden die Interaktionen mit anderen Kindern komplexer, die dyadische Interaktionskompetenz nimmt weiter zu. Das bedeutet: Kinder, die miteinander vertraut sind, spielen neben Parallelspielen auch schon erste soziale Interaktionsspiele wie Fangen oder Kochen in der Puppenküche. Kinder benutzen häufig Spielgegenstände, die sie den anderen Kindern überreichen, als Kontaktstrategie. Zunehmend lassen sich auch Konflikte zwischen den Kindern beobachten, in denen es etwa um bestimmte Spielgegenstände oder auch Vorrechte (Wer darf auf welchem Stuhl sitzen?) geht. Die gemeinsame Sprache wird vielfältiger, wobei die Kommunikation noch sehr stark über Imitation, nonverbale Signale und Gesten organisiert wird. Bemerkenswert ist, dass schon Kinder im zweiten Lebensjahr bestimmte andere Kinder zum Spielen bevorzugen und erstes prosoziales Verhalten zeigen. So bringt ein Kleinkind einem anderen weinenden Kind vielleicht sein Kuscheltier oder seinen Schnuller zum Trost.

das dritte Lebensjahr

Im Laufe des dritten Lebensjahres wird aus dem Kleinkind nicht nur im Hinblick auf sein körperliches Aussehen, sondern auch hinsichtlich seiner motorischen Geschicklichkeit, sprachlichen, kognitiven und sozialen Kompetenzen mehr und mehr ein Kindergartenkind. Die Trotz- oder Autonomiephase flacht ab und das Kind wird zumeist von allein „sauber“, weil auch die dazu notwendigen physiologischen Reifungsprozesse abgeschlossen sind.

Schon in der ersten Hälfte des dritten Lebensjahres lernen die Kinder – gestützt durch ihren wachsenden aktiven Wortschatz –, sich selbst und das, was sie als zu sich selbst gehörig erleben, immer differenzierter anschaulich zu beschreiben. Als-ob-Spiele nehmen in ihrem Spielalltag einen immer größeren Raum ein, werden vielfältiger und komplexer. Es gelingt den Kindern auch zunehmend besser, mit anderen zusammenzuspielen. Dadurch werden ihre Spielkontakte dauerhafter und die Beziehungen, die sie zu ungefähr gleichaltrigen Kindern aufbauen, Freundschaften ähnlicher.

Im dritten Lebensjahr wird Sprache als Kommunikationsmittel zwischen den Kindern immer wichtiger. Gerade miteinander vertraute Kinder – die sich dann auch als Freund:innen bezeichnen – spielen vermehrt komplexere Interaktionsspiele und Vorformen von Rollenspielen. Auch bei der Lösung von Konflikten greifen Kinder jetzt auf Sprache zurück.

In der zweiten Hälfte des dritten Lebensjahres nimmt die Selbstständigkeit der Kinder weiter zu, gleichzeitig aber auch ihre Bereitschaft zur Kooperation und ihre Fähigkeit, sich in Gruppen einzufügen.

Andere verstehen

Ab einem Alter von 18 Monaten haben Kinder eine Vorstellung davon, dass andere Personen Absichten und Ziele verfolgen. Deren Bedürfnisse können nun wahrgenommen werden. Auch Meinungen und das Vorbildverhalten anderer – insbesondere älterer Kinder und erwachsener Bezugspersonen – werden bedeutsamer. Soziale Anerkennung zu bekommen, spielt inzwischen eine wichtige Rolle. Außerdem wird hilfreiches Verhalten häufiger und Empathie gewinnt eine neue Qualität. Die frühere Gefühlsansteckung, bei der fremde Gefühle mit den eigenen gleichgesetzt bzw. verwechselt wurden, weicht einem tatsächlich auf andere gerichteten Mitgefühl (vgl. auch Roos, 2018 b). Auch die Fähigkeit, Aufforderungen nachzukommen, macht deutlich, dass Kinder sich zunehmend als Teil eines sozialen Gefüges begreifen, in dem nicht jeder nur tun kann, was er will.

Ablösung von den primären Bezugspersonen

Wachsen Kinder mit einer sicheren Bindung an ihre diversen Bezugspersonen auf, nehmen ihr Selbstvertrauen, ihr Selbstbewusstsein und ihre Fähigkeit zum selbstständigen Handeln kontinuierlich zu. Weil sie sich nun merklich stärker für andere Kinder und das Zusammenspiel in kleinen Gruppen interessieren, wird der Stellenwert der Eltern (und anderen erwachsenen Bezugspersonen) allmählich etwas geringer (partielle Ablösung von den primären Bezugspersonen, Mutter und Vater). Dieser Prozess hängt ganz entscheidend davon ab, ob die Entwicklungsaufgabe der gegenseitigen Ablösung von Bezugspersonen und Kindern, etwa beim Übertritt in eine Kindertageseinrichtung, angemessen bewältigt wird. Kindern kommt die Aufgabe zu, ihre sozialen Beziehungsräume zu erweitern. Mit dem Eintritt in eine Kindertageseinrichtung sind verschiedene Anforderungen verbunden:

- Anpassen an andere soziale Systeme (wie die Kindergartengruppe) und deren Regeln, die außerhalb des geschützten Umfeldes von Personen wie Mutter oder Vater gelten.

- Eingehen neuer Beziehungen zu anderen Kindern und Erwachsenen.
- Lernen, mit anderen zu kooperieren, sich in der Gruppe zu behaupten und mit anderen zu teilen.

Ob die soziale Entwicklung des Kindes altersgemäß ist, kann beim Übertritt in den Kindergarten u. a. an den folgenden Fragen abgelesen werden: Findet das Kind leicht Kontakt zu anderen Kindern? Zählt seine Meinung bei anderen Kindern? Respektiert es die Grenzen der anderen Kinder? Kann es sich selbst behaupten? Wirkt es überwiegend ausgeglichen?

Ahnert, L. (Hrsg.) (2022). Frühe Bindung. Entstehung und Entwicklung (5. Aufl.). München: Reinhardt Verlag.

Derksen, B. & Lohmann, S. (2013). Baby-Lesen. Die Signale des Säuglings sehen und verstehen (2. Aufl.). Stuttgart: Hippokrates Verlag.

Lohaus, A. & Vierhaus, M. (2019). Entwicklungspsychologie des Kindes und Jugendalters (4. Aufl., Kap. 15). Berlin / Heidelberg: Springer.

1. Welche vier Verhaltensmöglichkeiten bringen Säuglinge bereits mit, um Beziehungen zu anderen Menschen aufzubauen?
2. Was versteht man im Rahmen der triadischen Interaktion unter „geteilter Aufmerksamkeit“ und welche Bedeutung hat sie?
3. Beschreiben Sie die Meilensteine der Peerinteraktionen in den ersten drei Lebensjahren.

3 Die Persönlichkeit des Kindes begreifen

Der Begriff Persönlichkeit bezeichnet die Gesamtheit der individuellen Eigenschaften einer Person, in denen sie sich von anderen Menschen unterscheidet. Dazu gehören Merkmale der äußeren Erscheinung und körperlichen Konstitution genauso wie Eigenschaften, die sich auf Verhaltensdispositionen beziehen. Außerdem werden allgemeine Vorlieben (z.B. hinsichtlich der Geschlechtsorientierung) und auch zentrale Fähigkeiten (z.B. Intelligenz) der Persönlichkeit zugerechnet. Entscheidend ist, dass es sich um zeitlich relativ stabile Merkmale handelt, die im Verlauf der Kindheit zunehmend deutlicher zutage treten. Die Entwicklung des Kindes ist durch das dynamische Zusammenspiel zahlreicher Eigenschaften und Fähigkeiten bestimmt. Ergeben sich in einem Bereich Verzögerungen oder entwickelt sich das Kind auf einer Ebene besonders schnell, so hat dies Auswirkungen auf andere Bereiche. Gleichzeitig beeinflussen Temperament und soziale Beziehungen die Ausbildung der kindlichen Persönlichkeit. Für die Entwicklungsdiagnostik ist es daher wichtig, das Kind in seinen verschiedenen Stärken und Schwächen zu sehen. Außerdem gilt es, die Passung zwischen kindlichen Eigenschaften und denen der Bezugspersonen zu beachten und auch den situativen Kontext nicht zu vergessen. Nur eine solche integrative Betrachtung wird der speziellen Entwicklungsdynamik der ersten Lebensjahre gerecht und erklärt die Entstehung der individuellen Persönlichkeit. Bei der Beobachtung und Dokumentation von Fortschritten können diagnostische Verfahren nützlich sein, die helfen, Entwicklungsverzögerungen früh festzustellen und Anhaltspunkte dafür zu geben, in welchen Bereichen das Kind besonderen Unterstützungs- oder Förderbedarf hat.

3.1 Entwicklungsbereiche in ihrem Zusammenspiel verstehen

Wie die bisherigen Kapitel gezeigt haben, durchläuft jedes Kind in den ersten Lebensjahren eine große Menge wichtiger Veränderungen seines Verhaltens und Erlebens: Es schult seine Sinne und lernt sie zu integrieren; es gewinnt die Fähigkeit, sich fortzubewegen und Objekte zu manipulieren. Darüber hinaus lernt es, die eigene Aufmerksamkeit zu steuern und geistige Repräsentationen zu bilden. Es übt, sich sprachlich zu verständigen, physikalische und soziale Abläufe zu begreifen und ist zunehmend besser in der Lage, seine Gefühle zu regulieren und sich sozial zu integrieren. Jede dieser Entwicklungen hat ihr eigenes Tempo. Wie wichtig es ist, Veränderungen nicht isoliert, sondern im Kontext zu verstehen, wird schnell deutlich, wenn man sich die Folgen von spezifischen Behinderungen vor Augen führt.

Folgen körperlicher Behinderung

Blinde Kinder entwickeln ihr Denken und auch ihre Motorik anfangs langsamer als sehende Kinder gleichen Alters. Der Grund dafür ist ganz einfach: Ihnen fehlt ein zentraler Zugang zu Informationen über Objekte im Raum. In analoger Weise zeigen gehörlose Kinder Verzögerungen in ihrer Sprachentwicklung, was wiederum Konsequenzen für die Denkentwicklung und Fortschritte in sozialen Beziehungen haben kann. Später können Kinder mit Einschränkungen im Sehen und Hören diese Nachteile kompensieren und Altersgenossen auf anderen Gebieten sogar überholen, aber in der frühen Kindheit führen Behinderungen der genannten Art typischerweise zu Entwicklungsverzögerungen in anderen Bereichen.

Es ist sehr wichtig, dies nicht falsch zu deuten und zu meinen, das Kind habe grundsätzlich weniger Potenzial oder sei allgemein geistig eingeschränkt, wenn Verzögerungen auf unterschiedlichen Ebenen auftreten. Vielmehr sollte man alles tun, Einschränkungen der Sinneswahrnehmung früh zu diagnostizieren und den Betroffenen zeitnah besondere Förderung zukommen zu lassen, damit aus einer isolierten körperlichen Behinderung nicht tatsächlich eine generelle Entwicklungsverzögerung entsteht.

Das gilt in ähnlicher Weise auch für motorische Behinderungen, die zunächst zu Nachteilen bei der Wahrnehmungsentwicklung führen, weil es für den Aufbau räumlich-mentaler Repräsentationen wichtig ist, sich aktiv im Raum zu bewegen und Objekte mit dem Mund und den Händen manipulieren zu können. Nur so lässt sich nämlich „begreifen“, wie Dinge aus verschiedenen Perspektiven aussehen. Darüber hinaus wird vermutet, dass die Verschaltung beider Gehirnhälften, die später auch für komplexere

Denkprozesse bedeutsam ist, mit der Motorikentwicklung in der Kleinkindzeit zusammenhängt.

Querbezüge zwischen höheren geistigen Leistungen

Auch bei den höheren geistigen Leistungen gibt es wichtige Querbezüge zwischen Entwicklungsbereichen: So haben Verzögerungen der Sprachentwicklung fast immer Auswirkungen auf die soziale Entwicklung. Denn wer sich nur schlecht verbal verständigen kann, ist weniger gut in der Lage, auf andere zu reagieren (z. B. Instruktionen zu verstehen, auf sein Gegenüber einzugehen) und wird seine Interessen womöglich in einer sozial unerwünschten Weise zum Ausdruck bringen (z. B. bei Aggression schlagen, weil die Worte fehlen), was wiederum negative Folgen für die emotionale Entwicklung haben kann.

Auswirkung spezieller Talente

Querbezüge werden ebenfalls deutlich, wenn wir uns fragen, welche Auswirkungen besondere Talente haben: Man stelle sich ein Kind vor, das grobmotorisch besonders früh entwickelt ist. Es wird sich zu einem Zeitpunkt „selbstständig“ machen, an dem sein vorausschauendes Denken und die Fähigkeit, aus Fehlern zu lernen, noch nicht so gut entwickelt ist, sodass es Gefahren und Risiken seiner Erkundungsversuche nur schwer abschätzen kann. Weil seine Sprachkompetenzen ebenfalls begrenzt sind, kann es Warnungen und Anweisungen Erwachsener noch nicht adäquat verstehen. Entsprechend häufig dürfte ein solches Kind leidvolle Erfahrungen machen. Ist sein Umfeld eher vorsichtig, so wird das Kind früher und öfter als seine Altersgenossen erfahren, dass man seinem Explorationsdrang Grenzen setzt. Ist das Umfeld des Kindes besonders kontrollierend, entstehen leicht Konflikte mit Autoritäten und dies kann in manchen Fällen dann auch negative Auswirkungen auf die soziale und emotionale Entwicklung haben.

Alle genannten Beispiele machen übergreifend eines deutlich: Gerade in der frühen Kindheit können Defizite – aber auch besondere Talente – in einem Bereich deutliche Auswirkungen auf die Entwicklung in anderen Bereichen haben. Wenn wir die Persönlichkeit des Kindes in seiner Entwicklung begreifen wollen, brauchen wir einen umfassenden Blick, der nie isoliert nur auf einzelne Fähigkeitsbereiche gerichtet ist. Gleichzeitig klingt an, dass neben den bereichsspezifischen Kompetenzen auch das jedem Kind eigene Temperament und das Erziehungsverhalten der Bezugspersonen Einfluss auf die Entwicklung nehmen.

3.1.1 Kindliches Temperament

Rothbart (1981, 2004) interpretiert das Temperament als neurologisch verankertes Basismuster der Reaktivität und der Selbstregulation von Kindern. Reaktivität bezieht sich darauf, wie häufig und wie intensiv das Kind auf bestimmte Umweltreize reagiert. Mit Selbstregulation sind jene Strategien gemeint, die das Kind nutzt, um sein Erregungs- und Aktivierungsniveau zu senken oder zu steigern. Da jedes Lebewesen ein mittleres Erregungs- und Aktivitätsniveau anstrebt, muss es gelingen, Reaktivität und Selbstregulation in eine gute Balance zu bringen. Dies schaffen nicht alle Kinder gleich gut.

Dachte man noch bis in die 1970er Jahre, dass Säuglinge als Tabula rasa zur Welt kommen und ihre Persönlichkeitsentwicklung in erster Linie vom Erziehungsverhalten der Eltern bzw. nahen Bezugspersonen abhängt, so weiß man inzwischen, dass dies ein Trugschluss war (z. B. Pauli-Pot, 1991). In verschiedenen Längsschnittstudien wurde die Entwicklung des Temperaments über viele Jahre hinweg untersucht und Zusammenhänge zu Persönlichkeitsdimensionen bis ins Erwachsenenalter hinein gefunden. Damit stellt sich die interessante Frage, welche Temperamentstypen man schon im Säuglingsalter unterscheiden kann.

einfache und schwierige Babys

Nach Thomas and Chess (1982) gibt es sogenannte „easy babies" – Kinder mit „sonnigem Gemüt", die schnell einen eigenen biologischen Rhythmus finden und es ihren Eltern sehr leicht machen, positiv auf sie zu reagieren. Und es gibt „difficult babies", die oft schreien, leicht reizbar sind, denen man es beim Füttern kaum recht machen kann und die nachts schlecht durchschlafen. Als dritte Kategorie werden „slow-to-warm-up babies" aufgeführt: Sie sind allem Neuen gegenüber eher zurückhaltend und brauchen lange, bevor sie sich auf fremde Menschen oder eine neue Umgebung einlassen können.

inhibierte und nicht-inhibierte Kinder

Eine weitere Unterscheidung hat Jerome Kagan (2003) in die Literatur eingeführt. Er differenziert zwischen inhibierten und nicht-inhibierten Kindern. Während die erstgenannten eher ängstlich und hypersensibel auf alles Fremde reagieren, könnte man die zweitgenannten auch als draufgängerisch bezeichnen. Ihnen fällt es leicht, sich auf Unbekanntes einzulassen. Auch in der Bekundung ihrer Wünsche sind sie deutlich durchsetzungsfähiger als die inhibierten Kinder.

Diese verschiedenen Temperamente ergeben sich aus einem jeweils ganz spezifischen Zusammenspiel von Aktivierung und Selbstregulation, das dem Temperament jedes Kindes zugrunde liegt. Wie das Forschungsteam um Rothbart und Posner (Rothbart, 2004) zeigen konnte, entwickeln sich

Temperamentsmerkmale sowohl in Abhängigkeit von genetisch determinierten neurologischen Reifungsvorgängen im Gehirn als auch unter dem Einfluss der Eltern-Kind-Beziehung.

Temperamentsfragebögen

Inzwischen gibt es recht differenzierte Möglichkeiten, die individuellen Verhaltendispositionen eines Säuglings zu bestimmen. Meistens verwendet man dazu Elternfragebögen oder sogenannte Verhaltensbatterien (z. B. Pauli-Pott et al., 2005), wobei letztere sehr aufwendig in der Durchführung sind und daher vor allem in der Forschung zum Einsatz kommen. Bei Elternfragebögen gilt es stets zu bedenken, dass der Blick von engen Bezugspersonen auf das Kind in aller Regel durch ihre Erwartungen oder die spezielle Beziehungsdynamik beeinflusst ist. So hat man zeigen können, dass z. B. elterliche Ängstlichkeit und Depressivität die Beurteilung des kindlichen Verhaltens prägen (Pauli-Pott et al., 2004). Es ist also eine gewisse Vorsicht bei der Interpretation entsprechender Daten geboten. Sie geben nicht nur Auskunft über das Kind, sondern auch über die Beziehung der Eltern zum Kind.

IBQ-R-Fragebogen

Eines der international sehr häufig eingesetzten Erhebungsinstrumente ist der Infant Behavior Questionnaire (IBQ) von Rothbart (1981) bzw. seine überarbeitete Fassung von Gartstein und Rothbart (2003). Die Eltern finden in diesem Fragebogen eine große Anzahl von Beschreibungen des kindlichen Verhaltens im Alltag (191 Items) und geben jeweils an, wie häufig sie ein bestimmtes Verhalten bei ihrem Baby in der letzten Woche oder in den letzten beiden Wochen beobachtet haben. Die Antworten werden auf einer 7-stufigen Skala mit den Polen „nie“ (1) bis „immer“ (7) angegeben. Außerdem besteht die Möglichkeit, „trifft nicht zu“ anzukreuzen.

Bei amerikanischen Säuglingen wurden mit diesem Instrument drei Hauptfaktoren des kindlichen Temperaments gefunden: (1) positive Affektivität, (2) negative Affektivität und (3) Selbstregulation. Der IBQ-R liegt auch in deutscher Übersetzung vor (Vonderlin, Ropeter & Pauen, 2012). Die Autorinnen nahmen eine Überprüfung der Gütekriterien des IBQ-R vor, die insgesamt positiv ausfiel. Dabei zeigte sich die gleiche Grundstruktur mit drei Hauptfaktoren auch bei den deutschen Säuglingen. Gleichzeitig vermittelten die identifizierten Dimensionen einen Eindruck von der Komplexität, mit der wir heute versuchen, individuelle Unterschiede im Verhalten zu erfassen.

Viele Skalen beschreiben Reaktionen des Kindes auf das Verhalten seiner Bezugspersonen und machen so einmal mehr deutlich, dass man eigentlich die spezielle Beziehung des Kindes zu demjenigen, der es im Fragebogen beurteilt, mit in den Blick nehmen muss. Dies wurde bislang jedoch häufig vernachlässigt. Entweder man fokussierte auf das Erziehungsverhalten der Eltern oder auf die Eigenschaften des Kindes.

IMMA-Fragebogen

Ein erster Versuch, hier eine Brücke zu schlagen und beides parallel zu erfassen, stellt ein neues Verfahren dar: der IMMA-Fragebogen für Eltern (IMpuls-MAnagement in der Eltern-Kind Dyade, Pauen et al., 2014; 2018). Dabei handelt es sich um ein Verfahren für Eltern von Kindern im Alter zwischen null bis sechs Jahren. Im Fokus steht der kindliche Umgang mit unterschiedlichen Herausforderungen. Dabei kann es sich um Situationen handeln, in denen das Kind ein selbst gestecktes Ziel nicht erreicht, oder um Situationen, in denen das Kind sich mit Aufforderungen oder Verboten konfrontiert sieht. In allen genannten Fällen ist das Kind gefordert, sich selbst zu regulieren. Es kann dabei ganz unterschiedliche Verhaltensweisen zeigen, die von starken Emotionen und Protest oder Verweigerung bis hin zu sofortigem Einlenken reichen und damit Aspekte des kindlichen Temperaments widerspiegeln.

Wichtig scheint, dass die Eltern nicht einfach nur beschreiben, wie sie ihr Kind im Umgang mit solchen Herausforderungen erleben, sondern zunächst Auskunft darüber geben, welche Erwartungen sie an die selbstregulativen Fähigkeiten von Kindern des betreffenden Alters haben und wie wichtig es ihnen persönlich ist, dass ihr Kind lernt, sich möglichst gut selbst zu regulieren. Im zweiten Teil beschreiben sie dann, wie sich ihr Kind bei entsprechenden Anlässen verhält. Im dritten Teil geben die Eltern an, wie sie reagieren, wenn es dem Kind nicht gelingt, sich ohne fremde Hilfe selbst zu regulieren. Neben Strategien der Selbstregulation interessieren folglich genauso Strategien der Ko-Regulation.

3.1.2 Wie interindividuelle Unterschiede entstehen

Allmählich wird deutlich, wie komplex die Entstehung von interindividuellen Unterschieden ist. Das Kind mit seiner speziellen Konstellation von Talenten, Einschränkungen und Temperamentseigenschaften trifft auf ein soziales Umfeld mit Eltern, die – abhängig von ihren eigenen Ressourcen oder Defiziten – mit den spezifischen Eigenschaften des Kindes besser oder schlechter umgehen können. Im Wechselspiel zwischen Kind und Bezugspersonen entsteht so eine ganz spezifische Beziehungsdynamik. Das Temperament ist damit Teil eines transaktionalen Modells, das einerseits das elterliche Verhalten beeinflusst, andererseits vom elterlichen Verhalten beeinflusst wird (Pauli-Pott, 1991).

Die Persönlichkeitsentwicklung ist also weder als ein Prozess zu verstehen, bei dem sich interne Anlagen mit der Zeit (Reifung) einfach nur entfalten, noch als ein Vorgang, bei dem ein „unbeschriebenes Blatt“ durch äußere Einflüsse geprägt wird. Vielmehr handelt es sich um ein hoch dynamisches Geschehen, das permanent Anpassungsprozesse von Seiten des Kindes und der Bezugspersonen erfordert.

Engelskreis

Läuft alles gut, so stellt sich zwischen Kind und Bezugspersonen eine positive Wechselwirkung ein: Das Kind äußert seine Bedürfnisse und Gefühle in sozial akzeptabler Weise, die Bezugspersonen sind in der Lage, diese Signale zu verstehen und prompt wie adäquat darauf zu reagieren. Sie freuen sich über die beobachtbaren Fortschritte des Kindes und die positive Resonanz in der Beziehung. Weil das Kind bekommt, was es braucht, sind alle zufrieden.

Teufelskreis

Nehmen wir aber an, das Kind kommt mit einem schwierigeren Temperament zur Welt. Es schreit viel, trinkt und schläft nicht regelmäßig und ist allgemein leicht reizbar. Das macht seine Bezugspersonen ratlos hinsichtlich der Frage, wie es ihnen gelingt, das Kind zufriedenzustellen. Weil es schlecht schläft, finden auch die Bezugspersonen nicht genügend Ruhe und werden zunehmend gestresst. Weil das Kind oft negative Emotionen zeigt, reagieren seine Eltern mit der Zeit weniger positiv auf seine Signale, was empfindsame Kinder zusätzlich irritiert und noch mehr negative Gefühle hervorruft. Sehr schnell geraten Eltern und Kind so in einen unglücklichen Teufelskreis, der – kann man ihn nicht unterbrechen – die Persönlichkeitsentwicklung und das Familienklima nachteilig beeinflussen kann. Nicht selten wird in solchen Fällen Hilfe von außen notwendig.

Risiken für Frühgeborene

Wie umfangreiche Forschungsbefunde belegen, tragen insbesondere Frühgeborene aufgrund ihrer physiologischen Unreife und der besonderen Umstände ihrer Geburt ein erhöhtes Risiko dafür, „schwierige“ Babys zu sein. Ihre Eltern stehen folglich vor besonderen Herausforderungen und benötigen Unterstützung. Dies gilt umso mehr, als die frühen Temperamentsdimensionen (negative Affektivität, motorische Aktivität, Annäherung und Aufmerksamkeitsdauer) bedeutsame Prädiktoren für spätere Aufmerksamkeitsdefizit- / Hyperaktivitätsstörungen darstellen (Nigg et al., 2004).

Entwicklung „schwieriger“ Babys

Auch wenn es viele Kinder mit schwierigem Temperament gibt, sind die Entstehung eines Teufelskreises und späterer Verhaltensauffälligkeiten zum Glück eher die Ausnahme. Bleiben die Eltern eines schwierigen Babys entspannt und schaffen es, sich gegenseitig zu entlasten oder sich soziale Unterstützung zu organisieren, dann findet auch ein besonders anstrengendes Kind mit der Zeit seinen Rhythmus und die Eltern lernen, wie sie mit seinen Besonderheiten umgehen können, ohne dass die Lage eskaliert. Schwierig wird es erst, wenn die primäre Bezugsperson psychisch instabil ist, unter extremem Druck steht und/oder keine Entlastung findet, obwohl ihr Kind sie stark herausfordert.

Risiken bei Inhibition

Problematisch kann es aber auch sein, wenn das Kind stark inhibiert ist oder seine Bedürfnisse nicht gut artikulieren kann. Hier besteht die Gefahr, dass die Bezugspersonen das Kind zu sehr schonen und von Reizen fernhalten oder dass sie seine Bedürfnislage nicht richtig wahrnehmen. Kinder mit Verhaltenshemmung entwickeln daher mit erhöhter Wahrscheinlichkeit später sogenannte internalisierende Störungen (z. B. Kagan, 2003).

Kinder unterstützen

Wie alle diese Beispiele deutlich machen, geht es vor allem darum, Babys zu helfen, ihre Aktivitäts- und Selbstregulationsprozesse in eine gute Balance zu bringen und einen befriedigenden Austausch mit ihrer sozialen Umgebung herzustellen. Erwachsene Bezugspersonen sind gefordert, auf die unterschiedlichen Temperamente gut einzugehen und früh zu erkennen, wenn ein Kind Auffälligkeiten zeigt. Dann ist es besonders wichtig, sich zu fragen, wie das eigene Verhalten dazu beitragen kann, Auffälligkeiten im Verhalten des Kindes zu reduzieren. Findet sich darauf keine befriedigende Antwort, wird die Unterstützung von Fachleuten (z. B. Entwicklungsberatung, Säuglingssprechstunde) erforderlich, um handlungsfähig zu bleiben und z. B. die Entstehung von Teufelskreisen zu verhindern oder ihre Dynamik zu erkennen und zu verändern.

Determinanten der frühen Persönlichkeitsentwicklung

Zusammenfassend lässt sich festhalten: Biologische Faktoren sowie Temperamentseigenschaften auf Seiten des Kindes und die psychische Verfassung seiner Bezugspersonen sowie die Familiensituation bestimmen gemeinsam, in welcher Dynamik sich ein Kind körperlich und geistig entwickelt. Ganz allgemein gibt es zahlreiche Belege für Zusammenhänge zwischen frühkindlichen Temperamentsmerkmalen und der späteren Persönlichkeitsentwicklung. Das gilt auch für die Entstehung von psychischen Störungen im Schul- oder Jugendalter. In diesem Zusammenhang können Fähigkeiten des Kindes gleichermaßen als potenzielle Ressourcen wie auch als mögliche Risiken verstanden werden.

Um beurteilen zu können, ob eine Entwicklung „normal" verläuft oder auffällig ist, braucht man daher zunächst fundiertes Wissen darüber, was in einem bestimmten Alter überhaupt als „normal" gilt. Neben der sozialen und emotionalen Entwicklung, die unmittelbar mit dem Temperament zusammenhängen, sind auch die Wahrnehmungs- und Aufmerksamkeitsentwicklung, das Denken und die Sprachentwicklung von Bedeutung, denn auch sie können beeinflussen, welche Konsequenzen bestimmte Temperamentseigenschaften oder Erziehungsmaßnahmen für das Kind haben bzw. wie es damit umgeht.

3.2 Entwicklungsorientierte Diagnostik: Wie und wozu?

Wer viel mit kleinen Kindern zu tun hat, wird schon bald eine Expertise für normale Entwicklung wie auch Entwicklungsauffälligkeiten ausbilden. Tatsächlich hilft der Vergleich mit vielen Kindern ähnlichen Alters, aber auch grundlegende entwicklungspsychologische Kenntnisse, dieses Fachwissen aufzubauen. Dabei gilt es jedoch zu bedenken, dass sich nie alle Aspekte gleichzeitig im Auge behalten lassen. Erst das Zusammenspiel unterschiedlicher Dimensionen erlaubt eine umfassende Beurteilung der Persönlichkeits- und Kompetenzentwicklung. Daher scheinen umfassende Kenntnisse im Bereich der frühkindlichen Entwicklung und auch Diagnostik durchaus hilfreich. Ziel der vorangegangenen Kapitel war es, den Leser:innen Wissen über „normale" Entwicklung zu vermitteln. Im letzten Abschnitt möchten wir nun noch auf diagnostische Verfahren zu sprechen kommen, die gezielt für die Anwendung bei kleinen Kindern konzipiert wurden und die es erlauben, sowohl Auffälligkeiten wie auch mit gleicher Aufmerksamkeit Stärken und Ressourcen von Kindern zu erfassen (vgl. auch Roos, 2018 a). Auch wenn es aus Platzgründen nicht möglich ist, ausführlich alle auf dem Markt verfügbaren Instrumente vorzustellen, geben wir nachfolgend zumindest einen groben Überblick und einige Beispiele.

Schwierigkeiten früher Diagnostik

Generell ist es äußert schwer, Säuglinge und Kleinkinder standardisiert zu testen. Die Gründe dafür sind vielfältiger Natur. Zunächst kann man sich mit Kindern unter drei Jahren nur begrenzt verbal verständigen. Meist haben sie ihren eigenen Plan und folgen Instruktionen nur bedingt. Macht die Aufgabe keinen Spaß oder dauert sie zu lange, verlieren sie schnell Interesse und Aufmerksamkeit und verweigern ihre Mitarbeit.

Sie anzuregen, in einer konkreten Situation etwas ganz Bestimmtes zu tun, stellt beurteilende bzw. diagnostisch tätige Person daher vor große Herausforderungen. Zudem ist das Verhalten junger Kinder allgemein eher instabil und kann leicht durch körperliche Zustände wie Hunger, Müdigkeit oder durch äußere Einflüsse beeinflusst werden. Ganz generell weist das Verhalten in den ersten Lebensjahren eine enorme Variabilität auf. Es ist also keinesfalls sicher, dass jedes Kind in einer gegebenen Testsituation zeigen kann, was in ihm steckt. Dennoch kann es mitunter notwendig sein, eine ausführliche diagnostische Untersuchung vorzunehmen, um sich ein genaueres Bild von den individuellen Stärken und Schwächen des Kindes machen zu können. Für diesen Zweck stehen normierte Testbatterien, Screeningtests sowie Beobachtungs- und Dokumentationsinstrumente zur Verfügung.

Standardisierte Testbatterien bestehen in der Regel aus einer Vielzahl von Aufgaben, die Fähigkeiten im Rahmen von Entwicklungsbereichen, wie sie im Mittelteil des Buches vorgestellt wurden, in den Blick nehmen. Ihre Durchführung erfordert Expertise und diagnostische Routine. Die Kinder werden einzeln getestet und es dauert vergleichsweise lange, bis alle Daten erhoben sind. Anschließend kann man durch einen Vergleich der ermittelten Skalenwerte mit denen einer Normstichprobe gleichaltriger Kinder feststellen, ob das Kind sich in bestimmten Bereichen altersgerecht, beschleunigt oder verzögert entwickelt. Nachfolgend seien zwei solcher Tests exemplarisch vorgestellt.

standardisierte Testbatterien

Im amerikanischen Sprachraum gelten die nach ihrer Autorin benannten *Bayley Scales of Infant Development (BSID)* als Goldstandard, auch wenn ihre Brauchbarkeit von vielen Forschenden hierzulande infrage gestellt wird, weil ihr Vorhersagewert eher gering ist. Als nützlich erweisen sie sich vor allem im klinischen Kontext zur Klärung der Frage, ob eine geistige Behinderung vorliegt oder nicht.

Bayley Scales

Den Bayley-Test gibt es inzwischen in der dritten Auflage auch mit deutschen Normen (Reuner & Rosenkranz, 2014). Das Verfahren, das für Kinder bis 40 Monaten geeignet ist, besteht aus drei Teilen: einer kognitiven und einer motorischen Skala sowie einer Verhaltensbeurteilung durch die diagnostizierende Person. Mithilfe der Bayley Scales lassen sich das kognitive, sprachliche, persönlich-soziale sowie das fein- und grobmotorische Funktionsniveau eines Kindes auf mehreren Unterskalen erfassen.

Mit dem Entwicklungstest 6-6-R (Petermann & Macha, 2013) soll der allgemeine Entwicklungsstand eines Kindes im Alter von sechs Monaten bis sechs Jahren als differenziertes Entwicklungsprofil abgebildet werden. Ziel des Tests ist es, Entwicklungsdefizite und individuelle Stärken aufzuzeigen und Entwicklungsprognosen zu begründen. Dazu werden fünf inhaltlich begründete Entwicklungsbereiche genutzt (Körper- und Handmotorik, kognitive, Sprach- und sozial-emotionale Entwicklung), die mittels 166 Aufgaben, einem Nachzeichentest und 79 Elternfragen erfasst werden. Anhand spezifischer Items wird in jeder Altersgruppe das Erreichen von sogenannten Entwicklungsgrenzsteinen überprüft. Die individuelle Testung des Kindes erfolgt durch altersgerecht ausgewählte Aufgaben und Elternbefragung. Die Testdauer wird je nach Alter der Kinder mit etwa 20 bis 50 Minuten angegeben. Die Rohwerte (Anzahl gelöster Items) werden als Entwicklungsquotienten je Dimension normiert und in ein Entwicklungsprofil eingetragen.

ET 6-6-R

Eine Alternative bietet der FREDI 0–3 von Mähler, Cartschau & Rohleder (2016). Dieser Test enthält kleine Beobachtungsaufgaben, die mit

FREDI 0–3

dem Baby oder Kleinkind von einer Person mit Expertise durchgeführt werden, sowie Fragen, die von den Eltern beantwortet werden. Auf diese Weise können Stärken und Schwächen in den Bereichen Motorik, Sprache, kognitive Entwicklung und sozial-emotionale Entwicklung beurteilt werden. Zum FREDI 0–3 liegen Normen vor. Eine Untersuchung dauert je nach Alter des Kindes zwischen 20 und 60 Minuten. Auch dieses Verfahren erfordert besondere Materialien und eine geschulte Person für die Durchführung. Standardisierte Testbatterien, die Hinweise auf Entwicklungsrückstände und Förderbedarf geben sollen, kommen vor allem in einschlägigen Praxen, Kliniken, der Frühförderung, der Erziehungsberatung oder Forschungseinrichtungen zum Einsatz, wenn das Ziel darin besteht, recht genau zu bestimmen, ob der allgemeine Entwicklungsstand eines bestimmten Kindes altersgerecht ist.

Screenings Geht es darum festzustellen, ob die Entwicklung des Kindes altersgerecht verläuft oder in irgendeiner Form „auffällig" ist, nutzt man in der Regel zunächst Kurztestverfahren (Screenings), die flächendeckend eingesetzt werden können, wenig Geld kosten, keine langen Untersuchungszeiten erfordern und auch unter nicht-standardisierten Bedingungen brauchbare Ergebnisse liefern.

Eines der bekanntesten Screenings ist das Kinderuntersuchungsheft („Gelbes Heft"), das seit 2022 auch in elektronischer Form vorliegt. Alle Eltern erhalten es nach Geburt eines Kindes zur Dokumentation der Früherkennungsuntersuchungen (U1–U9) bei Kinderärzt:innen. Hier wird nach dem Vorhandensein einer kleineren Auswahl von Kompetenzen oder Fähigkeiten gefragt, die Hinweise auf die körperliche und geistige Funktionstüchtigkeit in verschiedenen Bereichen geben. Ziel dieser kostenlosen Untersuchung ist es, festzustellen, ob im konkreten Fall Entwicklungs- oder gesundheitliche Probleme (z. B. Hörprobleme, verspäteter Sprechbeginn) ausgeschlossen werden können. Mit Hilfe von Screening-Verfahren lässt sich klären, ob ein Kind die gleichen Kompetenzen zeigt wie die Mehrheit gleichaltriger Kinder. Das ist aber nicht immer möglich, weil Eltern die Vorsorgeuntersuchungen nicht wahrnehmen oder Einschränkungen im Verlauf kindlicher Entwicklungsprozesse nicht erkannt werden.

Deshalb sind weitere Möglichkeiten zu suchen. Seit 2021 ist neben dem FREDI-Test auch eine normierte Kurzform, das FREDI-Screening (Mähler et al., 2021), verfügbar. Die Durchführung von Elternfragebogen und standardisierter Testung dauert zusammen maximal 20 Minuten. Das Screening ist speziell für die frühe und zeitökonomische Feststellung von Entwicklungsrisiken gedacht. Mit seiner Hilfe können motorische, sprachliche, kognitive und sozial-emotionale Fähigkeiten von Kleinkindern im Alter von ein bis drei Jahren (vier Altersgruppen zwischen 12;00 bis 35;30 Monaten) erfasst werden. Die Auswertung des FREDI-Screenings erfolgt anhand von Cut-off-Werten. Die Cut-off-Werte wurden anhand einer Stichprobe (N > 400) aus gesunden und entwicklungsbeeinträchtigten Kindern im Alter von 12;00 bis 35;30 Monaten bestimmt. Ein auffälliges Screening-Ergebnis weist auf ein Entwicklungsrisiko hin. Die Gütekriterien (Sensitivität, Spezifität, RATZ-Index) liegen über alle Altersgruppen hinweg in einem guten bis sehr guten Bereich, sodass von einer zuverlässigen Identifikation von Kindern mit Entwicklungsrisiken ausgegangen werden kann.

Generell sollten auffällige Screening-Befunde Anlass für eine anschließende Diagnostik mit einem allgemein anerkannten Entwicklungstest geben, der eine differenziertere und objektive Erfassung der kindlichen Kompetenzen unter standardisierten Bedingungen erlaubt.

Beobachtungsverfahren zur Entwicklungsdokumentation

Bildungseinrichtungen, die ihre Aufgabe in der Herausforderung und Ermutigung von Bildungsprozessen der Kinder sehen, kümmern sich darum, systematisch festzustellen, ob die Entwicklung der ihnen anvertrauten Kinder regulär verläuft. Zur Abschätzung der Stärken und Schwächen eines Kindes, aber auch, um herauszufinden, ob es überhaupt altersgerecht entwickelt ist bzw. Entwicklungsauffälligkeiten aufweist, können Beobachtungsverfahren zur Entwicklungsdokumentation durch geschulte pädagogische Fachkräfte eingesetzt werden. Dazu gehören beispielsweise die „Grenzsteine der Entwicklung" von Michaelis et al. (2013). Das Verfahren besteht aus einer Checkliste von Fähigkeiten, die bis zum Testzeitpunkt von 90 % bis 95 % aller gesunden Kinder erreicht werden und sich auf die Bereiche Körpermotorik, Hand- / Fingermotorik, Sprache, Denken sowie soziale und emotionale Kompetenz beziehen.

Etwas ausführlicher und an standardisierte Beobachtungen gebunden ist das Verfahren Entwicklungs-beobachtung und -dokumentation für den Altersbereich 0;2 bis 4;1 Jahre (EBD 3–48; Petermann & Petermann, 2015). Die EBD 3–48 geht davon aus, dass Kinder bis zu einem bestimmten Alter in allen zentralen Funktionsbereichen bestimmte Basis-Fertigkeiten erwerben und bestimmte Entwicklungsknotenpunkte erreichen sollte. Verglichen wird die Individualleistung mit der Leistung einer repräsentativen Vergleichsstichprobe. Wird ein Knotenpunkt verpasst, weist dies mit hoher Wahrscheinlichkeit auf einen Entwicklungsrückstand hin. Die EBD 3–48 stellt eine Checkliste im pädagogischen Alltag dar, mit deren Hilfe für verschiedene Altersgruppen (unterteilt in Monate oder Tage) der Entwicklungsstand in Bezug auf die kindliche Haltungs- und Bewegungssteuerung, Fein- und Visuomotorik, Sprachentwicklung, kognitive Entwicklung, emotionale sowie soziale Entwicklung überprüft werden kann.

Verfahren zur Entwicklungsdokumentation sind mit Sorgfalt und Bedacht einzusetzen: Weil von vornherein bekannt ist, welche Kompetenzen in einem gegebenen Alter bereits bei der Mehrheit der Kinder vorhanden sind, kann u.a. der sogenannte Bestätigungsfehler das Urteil systematisch verzerren, d.h. fokussiert wird selektiv eher nur das, was vorher schon erwartbar war. Auch andere Fehler sind möglich, auf die hier nicht eingegangen wird. Problematisch scheint zudem, dass bei derlei Verfahren das Augenmerk primär auf den Schwächen und nicht gleichermaßen auf den Stärken eines Kindes liegt. Wer sich altersgerecht entwickelt, profitiert kaum von der Dokumentation – und das ist die überwiegende Mehrheit aller Kinder (diejenigen nämlich, die im Verfahren unauffällig sind). Auch für sie ist zu überlegen, wie ihre weitere Entwicklung unterstützt und vorangebracht werden kann.

Wünsche an diagnostische Verfahren

Es gibt viele unterschiedliche Wünsche an eine optimale Entwicklungsdiagnostik in der frühen Kindheit: Einerseits möchten wir Entwicklung auf unterschiedlichen Ebenen parallel erfassen, um eine objektive und erwartungsfreie Entwicklungsdokumentation zu ermöglichen und Entwicklungsverzögerungen zuverlässig identifizieren zu können. Rein praktisch scheint es andererseits von Vorteil, wenn das Verfahren alltagsnah konzipiert, einfach anwendbar und kostengünstig ist und zudem eine zügige Dokumentation erlaubt.

MONDEY-Verfahren

Einen Versuch, diese unterschiedlichen Ansprüche in einem Verfahren zu vereinigen, stellt MONDEY (Milestones of Normal Development in Early Years; Pauen, 2018b, 2014; Pauen et al., 2012) dar. Ausgehend von neuesten Erkenntnissen der Säuglings- und Kleinkindforschung wurden insgesamt 111 wichtige Meilensteine der Entwicklung im Alter von null bis drei Jahren identifiziert, die sich auf die acht Entwicklungsbereiche Grob- und Feinmotorik, Wahrnehmung und Denken, Sprache und soziale Beziehungen sowie Gefühle und Selbstregulation beziehen. Jeder dieser acht Bereiche ist nochmals in Unterbereiche untergliedert.

Im Unterschied zu den Grenzsteinen von Michaelis beschreiben die MONDEY-Meilensteine bedeutsame Kompetenzen des Kindes, die aufeinander aufbauen und sich im Alltag gut beobachten lassen. Wer immer das Kind mindestens drei Wochen kennt und sich im Vorfeld mit MONDEY auseinandergesetzt hat, kann eine Bestandsaufnahme des kindlichen Entwicklungsstandes vornehmen und im Anschluss kontinuierlich dokumentieren. Dafür geht man zunächst die Meilensteinsammlung eines bestimmten Bereiches durch und kreuzt an, welche Verhaltensweisen man definitiv im Alltag schon mehr als einmal beim Kind beobachtet hat. Für alle nicht angekreuzten Kompetenzen überprüft man später im Rahmen der kontinuierlichen Dokumentation, ob sie inzwischen verfügbar sind und notiert gegebenenfalls das Datum ihrer ersten und zweiten Beobachtung. Nach der zweiten Beobachtung gilt der Meilenstein als erreicht. Das Instrument zielt also weniger auf die Feststellung von Defiziten als vielmehr auf die Dokumentation von Kompetenzen und Fortschritten ab.

Anders als vorliegende Screening- und Dokumentationsverfahren macht MONDEY zunächst keine Altersangaben, damit die Nutzer erwartungsfrei dokumentieren können. Bei Bedarf ist trotzdem eine Überprüfung auf Entwicklungsverzögerungen sowie eine Stärken-Schwächen-Analyse zur Planung von Bildungs- oder Fördermaßnahmen möglich. Dazu registriert man sich auf der kosten- und werbefreien Internetplattform www.mondey.de und gibt dort die Daten der Bestandsaufnahme oder/und kontinuierlichen Dokumentation ein. Für jedes beobachtete Kind erhält man auf Wunsch ein so genanntes „Ampel-Feedback“ pro Entwicklungsbereich. Grün bedeutet: die Entwicklung verläuft normal, gelb bedeutet: einzelne Meilensteine sind verzögert (welche das sind, wird angegeben) und rot bedeutet: hier sollte eine einschlägige Fachperson genauer diagnostizieren. Gleichzeitig unterstützt man mit den anonym eingegebenen Daten die Entwicklungsforschung. So wird es in Kürze auch Normen geben. Wer MONDEY anwenden möchte, braucht keine speziellen Testmaterialien oder Vorkenntnisse.

Damit weist MONDEY viele der oben geforderten Eigenschaften auf. Wie bereits normierte Verfahren wurde MONDEY testtheoretisch überprüft und hat sich als zuverlässig erwiesen. Eine Befragung von pädagogischen Fachkräften, die das Instrument in der Krippe eingesetzt haben, bestätigt außerdem, dass MONDEY praxistauglich ist und gegenüber anderen Verfahren sogar bevorzugt wird. Besonders positiv wurde dabei hervorgehoben, dass auch Eltern MONDEY anwenden können, sodass man das Instrument gut als Basis für Entwicklungsgespräche verwenden kann, wenn die pädagogische Fachkraft und die Eltern MONDEY parallel ausfüllen.

Nutzen von Beobachtungs- und Dokumentationsverfahren

Wie dieses Kapitel deutlich macht, ist es gar nicht so schwer, die Entwicklung eines Kindes und seiner Persönlichkeit zu begreifen. Auch wenn viele Entwicklungen parallel stattfinden, gibt es doch eine sinnvolle Ordnung, in der Veränderungsprozesse aufeinander aufbauen und sich wechselseitig beschreiben lassen.

Mit der Hilfe von Beobachtungs- und Dokumentationsverfahren kann man sich zu jedem Zeitpunkt ein umfassendes Bild davon machen, wo das Kind aktuell steht. Weil in der frühen Kindheit Verzögerungen in einzelnen Domänen weitreichende Konsequenzen für die Entwicklung in anderen

Bereichen haben können, ist es sehr wichtig, Probleme nicht zu übersehen, bei Auffälligkeiten möglichst direkt zu reagieren und sich nicht zu scheuen, kompetente Fachleute hinzuzuziehen. Außerdem sollte man dafür sorgen, dass das Kind die Verzögerung nach Möglichkeit frühzeitig aufholen oder kompensieren kann.

Die Zone der nächsten Entwicklung (Wygotski, 1987)

Wenn ein Kleinkind intensiv beobachtet und seine Entwicklung in verschiedenen Entwicklungsbereichen beurteilt wird, geht es in der Regel um die Bestimmung seines aktuellen Entwicklungsstandes: Es wird geprüft, was ein Kind schon alles von allein kann, welche Kenntnisse und Fähigkeiten es gerade besitzt. Viel zu selten wird danach gefragt, welche Entwicklungsschritte als nächstes anstehen und ob diese mit Unterstützung schon erreicht werden können. Alles, was ein Kind mit etwas Hilfe bereits schaffen/wissen kann, kennzeichnet seine „Zone der nächsten bzw. proximalen Entwicklung". Wygotski (1987) schreibt dazu: „Was das Kind heute in Zusammenarbeit und unter Anleitung vollbringt, wird es morgen selbständig ausführen können. [...] Wenn wir also untersuchen, wozu das Kind selbständig fähig ist, untersuchen wir den gestrigen Tag. Erkunden wir jedoch, was das Kind in Zusammenarbeit zu leisten vermag, dann ermitteln wir damit seine morgige Entwicklung" (83). Bildungsplanung und mit ihr verbundene Interventionen sollten der kindlichen Entwicklung stets ein wenig voraus sein, ko-konstruktiv und mit kompetenzangepasster Unterstützung arbeiten. Pädagogische und bildende Interventionen sind vor allem dann für die weitere Entwicklung Erfolg versprechend, wenn sie in die Zone der nächsten Entwicklung des Kindes fallen. Liegen sie auf dem aktuellen Entwicklungsniveau, lernt das Kind eher zu wenig Neues und übt dafür seine bereits vorhandenen Fähigkeiten; liegen sie dagegen deutlich über der Zone der nächsten Entwicklung, sind Kinder überfordert und reagieren womöglich frustriert. Eine wichtige Aufgabe von Erwachsenen, die Säuglinge und Kleinkinder in ihrer Entwicklung unterstützen möchten, besteht folglich darin, ihre Zone der nächsten Entwicklung in verschiedenen Bereichen ausfindig zu machen und das eigene Anspruchsniveau sowie die Hilfestellungen zur Entwicklung darauf anzupassen.

Kinder in den ersten Lebensjahren erfolgreich zu begleiten, bedeutet, sie stets im Auge zu behalten – aufmerksam zu beobachten – und mit entwicklungspsychologisch geschultem Blick zu überlegen, wie man sie darin unterstützen kann, den nächsten Schritt in der Entwicklung zu tun. Für diese anspruchsvolle Aufgabe bietet das vorliegende Buch eine sehr gute Grundlage.

Pauen, S. & Vonderlin, E. (2007). Entwicklungsdiagnostik in den ersten drei Lebensjahren. Research Notes 21, (S. 1–57). DIW Berlin.

1 Was gilt es, bei der Entwicklungsdiagnostik der ersten Jahre zu beachten?

2 Welche Instrumente der frühkindlichen Diagnostik kennen Sie?

3 Was sind die Vor- und Nachteile unterschiedlicher Verfahren?

Passwort für die Online-Materialien

Das Passwort zum Öffnen des Zusatzmaterials lautet: *Bildungsprozesse*!

Bitte geben Sie das Passwort nicht weiter!

Literatur

Ahnert, L. (2007). Von der Mutter-Kind- zur Erzieherinnen-Kind-Bindung? In F. Becker-Stoll & M. Textor (Hrsg.), *Die Erzieherin-Kind-Beziehung* (S. 31–41). Berlin: Cornelsen Verlag Scriptor.

Ahnert, L. (2008). Entwicklung in kombinierter familiärer und außerfamiliärer Kleinkind- und Vorschulbetreuung. In M. Hasselhorn & W. Schneider (Hrsg.), *Handbuch der Psychologie* (Bd. 7, Handbuch der Entwicklungspsychologie) S. 373–408). Göttingen: Hogrefe.

Ahnert, L. (2020). *Wieviel Mutter braucht ein Kind? Über Bindung, Bildung und Betreuung in den ersten Lebensjahren.* Weinheim / Basel: Julius Beltz.

Ahnert, L. (Hrsg.). (2022). *Frühe Bindung. Entstehung und Entwicklung* (5. Aufl.). München: Ernst Reinhardt Verlag.

Ainsworth, M. D. S., Blehar, M. C., Waters, E. & Wall, S. (1978). Patterns of attachment: assessed in the strange situation and at home. Hillsdale N. J.: Erlbaum.

Baillargeon, R. (1987). Object permanence in 3, 5 and 4,5 month-old infants. *Developmental Psychology, 22 (5)*, 655–664.

Baillargeon, R. (2008). Innate ideas revisited: For a principle of persistence in infants' physical reasoning. *Perspectives on Psychological Science, 3 (1)*, 2–13.

Beauchamp, G. K. & Bartoshuk, L. (Hrgs.). (1997). Tasting and Smelling. San Diego: Academic Press.

Bergold, S., Röhr-Sendlmeier, U. M. & Müller, H. (2014). Mütterliche Berufstätigkeit in Deutschland und Finnland. In U. M. Röhr-Sendlmeier (Hrsg.), *Berufstätige Mütter und ihre Familien. Lebenslang lernen* (Bd. 12) (S. 114–145). Berlin: Logos Verlag.

Bertelsmann Stiftung (2009). Studie: Frühe Bildung fördert Chancengleichheit. Pressemitteilung vom 3.12.2009 Gütersloh.

Borke, B., Lamm, B. & Schröder, L. (2019). Kultursensitive Entwicklungspsychologie (0–6 Jahre). Grundlagen und Praxis für pädagogische Arbeitsfelder. Göttingen: Vandenhoeck Ruprecht.

Bowlby, J. (1969). *Attachment and loss. Attachment* (Vol. I). London: Hogarth Press.

Braun, A. K. (2012). *Früh übt sich, wer ein Meister werden will. Neurobiologie kindlichen Lernens.* (WiFF Expertisen, Bd. 26). München: DJI.

Bremner, G. & Wachs, T. D. (Hrsg.). (2011). *Infant Development – Volume 1: Basic Research.* Malden (MA): Blackwell Publishers.

Chaplin, T. M. & Aldao, A. (2013). Gender differences in emotion expression in Children: a meta-analytic review. *Psychological Bulletin, 139*, 735–765.

Colombo, J. (2001). The development of visual attention in infancy. *Annual Review of Psychology, 52*, 337–367.

DeCaspar, A.J. & Fifer, W.P. (1980). Of human bonding: newborn prefer their mother's voices. *Science, 402*, 1174–1176.

Deci, E. & Ryan, R. (1985). Intrinsic motivation and self-determination in human behavior. New York: Springer.

Derksen, B. & Lohmann, S. (2013) Baby-Lesen. Die Signale des Säuglings sehen und verstehen (2. Aufl.). Stuttgart: Hippokrates Verlag.

Dornes, M. (2000). *Der kompetente Säugling*. Frankfurt a.M.: Fischer-Taschenbuch-Verlag.

Dunham, P. & Dunham, F. (1992). Lexical development during middle infancy: A mutually driven infant-caregiver process. *Developmental Psychology, 28*, 414–420.

Elsner, B., Pauen, S. & Jeschonek, S. (2006). Physiological and behavioral parameters of infants' categorization: Heart rate and duration of examining across trials. Developmental Science, 9 (6), 551–556.

Franck, L.S., Greenberg, C.S. & Stevens, B. (2000). Pain assessment in infants and children. *Pediatric Clinics of North America, 41*, 487–512.

Frijda, N.H. (1986). *The emotions*. New York: Cambridge University Press.

Gartstein, M.A. & Rothbart, M.K. (2003). Studying infant temperament via the revised infant behavior questionnaire. *Infant Behavior & Development, 26*, 64–86.

Gibson, E.J. & Walk, R.D. (1960). The "visual cliff". *Scientific American, 202*, 64–71.

Grimm, H. (2012). *Störungen der Sprachentwicklung* (3. Aufl.). Göttingen: Hogrefe.

Havighurst, R. J. (1948). Developmental tasks and education. New York: Longman.

Heckman, J.J. & Masterov, D.V. (2007). The productivity argument for investing in young children. Cambridge, MA: National Bureau of Economic Research.

Hemker, L. & Kavšek, M. (2010). The relative contribution of relative height, linear perspective, and texture gradients to pictorial depth perception in 7-month-old infants. *Perception, 39*, 1476–1490.

Holodynski, M. (u. Mitarbeit von W. Friedelmeier) (2006). Emotion, Entwicklung und Regulation. Heidelberg: Springer.

Holodynski, M. & Oerter, R. (2018). Emotion. In W. Schneider & U. Lindenberger (Hrsg.), *Entwicklungspsychologie* (S. 513–536). Weinheim / Basel: Beltz.

Hüther, G. (2006). Neurobiologische Grundlagen des frühen Lernens. In G. Opp, T. Helbrügge & L. Stevens (Hrsg.), *Kindern gerecht werden. Kontroverse Perspektiven auf Lernen in der Kindheit* (S. 79–91). Bad Heilbrunn: Julius Klinkhadt.

Kagan, J. (2003). Behavioral inhibition as a temperamental category. In R.J. Davidson, K.R. Scherer & H.H. Goldsmith (Hrsg.), *Handbook of affective sciences* (S. 320–331). New York: Oxford University Press.

Kany, W. & Schöler, H. (2007). Fokus: Sprachdiagnostik. Berlin: Cornelsen Verlag.

Keller, H. (2007). *Cultures of infancy*. Mahwah, NJ: Lawrence Erlbaum.

Keller, H. (2011). *Kinderalltag*. Heidelberg: Springer.

Keller, K., Trösch, L.M. & Grob, A. (2013). Entwicklungspsychologische Aspekte frühkindlichen Lernens. In M. Stamm & D. Edelmann (Hrsg.), *Handbuch frühkindlicher Bildungsforschung* (S. 85–96). Wiesbaden: Springer Fachmedien.

Kellman, P.J. & Arterberry, M. (2000). The cradle of knowledge: Development of perception in infancy. Cambridge (MA): MIT Press.

Largo, R. (2017). Babyjahre. Entwicklung und Erziehung in den ersten vier Jahren (3. Aufl). München: Piper Verlag.

Lewis, M. (2011). The origins and uses of self-awarness or the mental representation of me. *Consciousness and Cognition*, *20*, 120–129.

Locke, J. L. (1997). A theory of neurolinguistic development. *Brain and Language*, *58*, 265–326.

Lohaus, A. & Vierhaus, M. (2019). Entwicklungspsychologie des Kindes und Jugendalters (4. Aufl.). Berlin / Heidelberg: Springer.

Marinovic, V. & Pauen, S. (2012). Wie Kinder sich in Andere einfühlen können. Entwicklung einer Theory of Mind. *Theorie und Praxis der Sozialpädagogik*, *2*, 34–37

Mähler, C., Cartschau, F. & Rohleder, K. (2016). FREDI 0–3. Frühkindliche Entwicklungsdiagnostik für Kinder von 0 bis 3 Jahren. Göttingen: Hogrefe.

Mähler, C., Dönnecke, N., Cartschau, F. & Rohleder, K. (2021). FREDI-Screening. Frühkindliche Entwicklungsdiagnostik für Kinder von 1–3 Jahren – Screening. Göttingen: Hogrefe / Testzentrale.

Mehler, J., Jusczyk, P.W., Lambertz, G., Halsted, N., Bertoncini, J. & Amiel-Tison, C. (1988). A precursor of language acquisition in young infants. *Cognition*, *29*, 144–178.

Mennella, J.A. & Beauchamp, G.K. (1997). The ontogeny of human flavor perception. In G. K. Beauchamp & L. Bartoshuk (Hrgs.), *Tasting and Smelling* (S. 199–215). San Diego: Academic Press.

Michaelis, R., Berger, R., Nennstiel, U. & Krägeloh-Mann, I. (2013). Validierte und teilvalidierte Grenzsteine der Entwicklung. Ein Entwicklungsscreening für die ersten 6 Lebensjahre. *Monatsschrift Kinderheilkunde*, *161 (10)*, 898–910.

Moors, A., Ellsworth, P.C., Scherer, K.R. & Frijda, N.H. (2013). Appraisal theories of emotion: State of the art and future development. *Emotion Review*, *5*, 119–124.

Nazzi, T., Bertoncini, J. & Mehler, J. (1998). Language discrimination by newborns: toward an understanding of the role of rhythm. *Journal of Experimental Psychology: Human Perception and Performance*, *24*, 756–766.

Nigg, J.T., Goldsmith, H.H., & Sachek, J. (2004). Temperament and attention deficit hyperactivity disorder: the development of a multiple pathway model. *Journal of Clinical Child and Adolescent Psychology*, *33 (1)*, 42–53.

Pahnke, J. & Pauen, S. (2012). Entwicklung mathematischer und naturwissenschaftlicher Kompetenzen in der frühen Kindheit. In Haus der kleinen Forscher (Hrsg.), *Wissenschaftliche Untersuchungen zur Arbeit der Stiftung Haus der kleinen Forscher* (Bd. 4), (S. 17–65). Schubi Lernmedian AG: Schaffhausen.

Papoušek, H. & Papoušek, M. (1987). Intuitive parenting: A dialectic counterpart to the infants integrative competence. In J. D. Osofsky (Hrsg.), *Handbook of infant development* (S. 669–720). New York: Wiley.

Pauen, S. (2002). Evidence from knowledge-based categorization in infancy. *Child Development, 73*, 116–1033.

Pauen, S. (2014). Beobachtung und Dokumentation in der Krippe – aber wie? MONDEY – ein neues Verfahren mit Entwicklungspotential. Theorie und Praxis der Sozialpädagogik, 8, 46–49.

Pauen, S. (2018a). Pränatale Entwicklung und Neugeborenenzeit. In J. Strohmer (Hrsg.), Psychologische Grundlagen für Fachkräfte in Kindergarten, Krippen und Hort (S. 107–112). Göttingen: Hogrefe.

Pauen, S. (2018b). *Vom Baby zum Kleinkind. Entwicklungstagebuch zur Beobachtung und Begleitung in den ersten Jahren* (2. Aufl.). Heidelberg: Spektrum.

Pauen, S., Heilig, L., Danner, D., Haffner, J., Tettenborn, A., Roos, J. (2012). Milestones of Normal Development in Early Years (MONDEY): Konzeption und Überprüfung eines Programms zur Beobachtung und Dokumentation der frühkindlichen Entwicklung von 0–3 Jahren. Frühe Bildung, 1(2), 1–7.

Pauen, S., Hochmuth, A., Schulz, A. & Bechtel, S. (2014). IMMA 1–6: IMpuls-MAnagement vom Kleinkind- bis zum Vorschulalter – Ein Elternfragebogen zur Beziehungsgestaltung im Umgang mit Erwartungen, Zielen und Gefühlen. Kindergartenpädagogik – Online Handbuch. Abgerufen unter: www.kindergartenpaedagogik.de/2308.pdf [17.08.2019]

Pauen, S. & Roos, J. (2013). Wie viel Krippe braucht das Kind? *Psychologische Rundschau, 64 (4)*, 247–250.

Pauen, S., Strodthoff, A., & Bechtel-Kühne, S. (2018). Kindliche Selbst- und elterliche Ko-Regulation parallel erfassen: Der IMMA 1–6 (IMpuls-MAnagement) Fragebogen für 1- bis 6-jährige. Kindheit und Entwicklung, 28 (1), 46–58.

Pauli-Pott, U. (1991). Die moderne Temperamentsforschung und ihre Bedeutung im transaktionalen Entwicklungsmodell. *Psychosozial, 14*, 29–37.

Pauli-Pott, U., Mertesacker, B. & Beckmann, D. (2004). Predicting the development of infant emotionality from maternal characteristics. *Development and Psychopathology, 16*, 19–42.

Pauli-Pott, U., Mertesacker, B. & Beckmann, D. (2005). Ein Vergleich unterschiedlicher Erfassungsmethoden der frühkindlichen Emotionalität. *Zeitschrift für Kinder- und Jugendpsychiatrie und Psychotherapie, 33 (2)*, 123–135.

Petermann, F. & Macha, T. (2013). Entwicklungstest für Kinder von sechs Monaten bis sechs Jahren (ET 6-6-R). Frankfurt: Pearson.

Petermann, U. & Petermann, F. (2015). Entwicklungsbeobachtung und -dokumentation (EBD): 3–48 Monate: Eine Arbeitshilfe für pädagogische Fachkräfte in Krippe und Kindergärten. Berlin: Cornelsen Scriptor.

Reuner, G. & Rosenkranz, J. (2014). Bayley Scales III. Frankfurt a. M.: Pearsson Assessment.

Roos, J. (2009). Stolz, Scham, Peinlichkeit und Schuld. In V. Brandstätter & J. H. Otto (Hrsg.), *Handbuch der Allgemeinen Psychologie: Motivation und Emotion.* Göttingen: Hogrefe, 264–271.

Roos, J. (2011). Sprache fördern von Anfang an. In H. Keller (Hrsg.), *Handbuch der Kleinkindforschung (S.* 1130–1151). Bern: Huber.

Roos, J. (2016). Viele Veränderungen für alle. Chancen und Risiken früher außerfamiliärer Betreuung. *ZeT – Zeitschrift für Tagesmütter und -väter, 1*, 7–9.

Roos J. (2018a). Entwicklungsorientierte diagnostische Einschätzungen in Kindertageseinrichtungen. In T. Schmidt & W. Smidt (Hrsg.), *Handbuch Empirische Forschung in der Pädagogik der Frühen Kindheit* (S. 427–442). Münster: Waxmann.

Roos, J. (2018b). Entwicklung von Wertvorstellungen und Moralverständnis bei Kindern. In J. Strohmer (Hrsg.), Psychologische Grundlagen für Fachkräfte in Kindergarten, Krippen und Hort (S. 193–199). Göttingen: Hogrefe.

Rothbart, M. K. (1981). Measurement of temperament in infancy. *Child Development*, 52 (2), 569–578.

Rothbart, M. K. (2004). Temperament and the pursuit of an integrated developmental psychology. Merrill-Palmer Quarterly, 50, 492–505.

Rovée-Collier (1999). The development of infant memory. *Proceedings of the American Association of Psychologists, 8 (3)*, 80–85.

Schneider, W. & Lindenberger, U. (Hrsg.) (2018). *Entwicklungspsychologie* (8. Aufl.). Weinheim: Beltz

Siegler, R., Eisenberg, N., DeLoache, J. & Saffran, J. (2016). Entwicklungspsychologie im Kindes- und Jugendalter (4. Aufl.). Heidelberg: Spektrum Akademischer Verlag.

Slater, A. (1998). Perceptual Development: Visual, auditory, and speech perception in infancy. Hove (UK): Psychology Press.

Slater, A., Riddle, P., Quinn, P., Pascalis, O., Lee, K. & Kelly, D. J. (2011). Visual Perception. In G. Bremner & T. D. Wachs (Hrgs.), *Infant Development – Volume 1: Basic Research* (S. 40–80). Malden (MA): Blackwell Publishers.

Spelke, E. S. & Kinzler, K. D. (2007). Core knowledge. *Developmental Science, 10 (1)*, 89–96.

Statistisches Bundesamt (2022a): Kinder und tätige Personen in Tageseinrichtungen und in öffentlich geförderter Kindertagespflege am 01.03.2022. In: https://www.destatis.de/DE/Themen/Gesellschaft-Umwelt/Soziales/Kindertagesbetreuung/Publikationen/_publikationen-innen-kinder-taetige-personen.html , 15. Juni 2023

Sternberg, C. R. & Campos, J. J. (1990). The development of anger expressions in infancy. In N. L. Stein, B. Leventhal & T. Trabasso (Hrsg.), *Psychological and biological approaches to emotion* (S. 247–282). Hillsdale, NJ: Lawrence Erlbaum.

Streri, A. & Feron, J. (2005). The development of haptic abilities in very young infants: From perception to cognition. *Infant Behavior & Development, 28*, 290–304.

Sullivan, M.W. & Lewis, M. (2003). Emotional expressions of young infants and children: A practitioner's primer. *Infants and Young Children, 16*, 120–142.

Szagun, G. (2016). *Sprachentwicklung beim Kind. Ein Lehrbuch* (6. Aufl.) Weinheim: Beltz.

Textor, M. (2007). Die „NICHD Study of Early Child Care" – ein Überblick. Zugriff am 09.01.2017, von www.kindergartenpaedagogik.de/1602.html

Thomas, A. & Chess, S. (1982). The reality of difficult temperament. *Merrill Palmer Quaterly, 28 (1)*, 1–20.

Thompson, R.A. (1994). Emotion regulation: A theme in search of definition. *Monographs of the Society for Research in Child Development, 59*, 25–52.

Tietze, W., Becker-Stoll, F., Bensel, J., Eckardt, A. G., Haug-Schnabel, G., Kalicki, B., Keller, H. & Leyendecker, B. (Hrsg.) (2013). NUBEBEK Nationale Untersuchung zur Bildung, Betreuung und Erziehung in der frühen Kindheit. Weimar / Berlin: verlag das netz.

Tomasello, M. (2002). Die kulturelle Entwicklung des menschlichen Denkens. Zur Evolution der Kognition. Frankfurt a. M.: Suhrkamp.

Tomasello, M., Carpenter, M., Call, J., Behne, T. & Moll, H. (2005). Understanding and sharing intentions: The origins of cultural cognition. *Behavioral and Brain Sciences, 28*, 675–735.

Vonderlin, E., Ropeter, A. & Pauen, S. (2012). Erfassung des frühkindlichen Temperaments mit dem Infant Behaviour Questionnaire Revised. *Zeitschrift für Kinder- und Jugendpsychiatrie und Psychotherapie, 40 (5)*, 307–314.

Weber J., Künster., A. K. & Ziegenhain, U. (2010). Videogestützte Interaktionsbeobachtung als Instrument zur Diagnostik und Förderung in der frühen Kindheit. *IzKK-Nachrichten, 1*, 57–62.

Weinert, S. & Ebert, S. (2013). Spracherwerb im Vorschulalter. *Zeitschrift für Erziehungswissenschaft, 16*, 303–332.

Weinert, S. & Grimm, H. (2018). Sprachentwicklung. In W. Schneider & U. Lindenberger (Hrsg.), *Entwicklungspsychologie* (S. 445–469). Weinheim: Beltz.

Werner, L. A., Fey, R. R. & Popper, A. (2011). Human auditory development. New York: Springer.

Wygotski, L. (1987). *Arbeiten zur psychischen Entwicklung der Persönlichkeit. Ausgewählte Schriften* (Bd. 2). Köln: Pahl-Rugenstein.

Ziegenhain, U. (2008). Entwicklungs- und Erziehungsberatung für die frühe Kindheit. In F. Petermann & W. Schneider (Hrsg.), *Angewandte Entwicklungspsychologie (Bd. 7). Enzyklopädie der Psychologie* (S. 163–204). Göttingen: Hogrefe.

Sachregister

Wie Kinder sich entwickeln

Stefanie Höhl / Sarah Weigelt
Entwicklung in der Kindheit (4-6 Jahre)
Mit Online-Material.
(Basiswissen Frühpädagogik)
2015. 146 Seiten. 10 Abb.
Innenteil zweifarbig.
(978-3-497-02551-0) kt

Freundschaften sind für viele Menschen das Wichtigste im Leben. Der Kontakt zu Gleichaltrigen wird im Kindergarten- und Vorschulalter intensiver, erste Freundschaften entstehen. Und Kinder im Alter von 4 bis 6 Jahren haben noch viel mehr Entwicklungsaufgaben zu bewältigen …

Dieses Buch bietet einen verständlichen und informativen Überblick über die Entwicklung von Kindern im Vorschulalter. Typische Entwicklungsaufgaben werden nach Funktionsbereichen getrennt beschrieben und anhand zahlreicher Beispiele erläutert: die Entwicklung von Motorik, Wahrnehmung, Aufmerksamkeit, Sprache, sozialem Handeln etc. Auch die Bildung und Förderung in diesem Altersbereich sowie die frühe Erkennung von Verzögerungen in der Entwicklung werden dargestellt.

reinhardt
www.reinhardt-verlag.de

Kleinkinder spielerisch fördern

Irene Klöck / Caroline Schorer
Frühe Förderung von Kindern von 0 bis 3
Eine Übungssammlung
2016. 201 Seiten. 130 Abb. 6 Tab.
(978-3-497-02639-5) kt

Kleinkinder sind neugierig, aktiv und wollen die Welt entdecken. Wie ErzieherInnen und HeilpädagogInnen sie dabei begleiten und fördern können, zeigt dieses Buch über die frühe Förderung von Kindern von 0 bis 3 Jahren. Die Autorinnen informieren über die kindliche Entwicklung und die Eingewöhnung von Kleinkindern in die Kita und geben eine Fülle an Fördermöglichkeiten, Übungen und Ideen für die praktische Arbeit. Mit Übungen zu Wahrnehmung, Sprache, Motorik und Kognition sowie sozial-emotionalem Verhalten erhalten ErzieherInnen und HeilpädagogInnen immer neue Anregungen. Die Übungen sind nach Förderbereichen geordnet und lassen sich leicht und ohne viele Materialien im Kinderzimmer oder in der Kita umsetzen.

reinhardt
www.reinhardt-verlag.de

Früh fördern

Klaus Sarimski
Handbuch interdisziplinäre Frühförderung
Mit 22 Abbildungen und 10 Tabellen.
(Beiträge zur Frühförderung interdisziplinär; 20)
2., aktualisierte Auflage 2022.
481 Seiten. 22 Abb. 10 Tab.
(978-3-497-03157-3) kt

Was ist über die Entwicklung von Kindern mit Beeinträchtigungen in den unterschiedlichen Entwicklungsbereichen bekannt? Wie wirken sich biologische und soziale Risiken auf die Entwicklung aus? Welche Methoden stehen zur Frühförderung zur Verfügung und was lässt sich aus der Entwicklungsforschung über die Wirksamkeit dieser Methoden sagen? Das Handbuch zur Frühförderung gibt Antwort auf all diese Fragen und bietet so eine Grundlage für alle, die in der Frühförderung von Kindern mit einer kognitiven, sprachlichen oder motorischen Beeinträchtigung, einer Hör- oder Sehschädigung, einer sozial-emotionalen Entwicklungsstörung oder einer schweren Mehrfachbehinderung tätig sind. PraktikerInnen erhalten so einen umfassenden Überblick über das Arbeitsfeld und Leitlinien für die Praxis der Frühförderung.

reinhardt
www.reinhardt-verlag.de

Management-Konzepte für Kita-LeiterInnen

Wolfgang Klug / Jens Kaiser-Kratzmann
Erfolgreiches Kita-Management
Unternehmens-Handbuch für LeiterInnen
und Träger von Kitas
5., aktualisierte Auflage 2020.
195 Seiten. 26 Abb. 20 Tab.
(978-3-497-03006-4) kt

Gutes Kita-Management umfasst Organisation, Qualitätsentwicklung, Führung, Finanzierung und Personalentwicklung. Es gelingt, wenn Kita-Leitung und Träger zusammenarbeiten. Um die vorhandenen Mittel möglichst effizient für die Bildung, Erziehung und Betreuung der Kinder zu verwenden, sollten wesentliche „Stellschrauben" im Bereich Kita-Management in den Blick genommen werden.
Wie können wir unsere Kita zukunftsfähig machen? Wie kann die Organisation in der Einrichtung gestaltet und wie können Arbeitsabläufe optimal abgestimmt werden? Praxisorientiert und leicht verständlich zeigen die Autoren in der aktualisierten 5. Auflage des Buches, wie das Unternehmen Kita gelingen kann.

reinhardt
www.reinhardt-verlag.de

Kreatives Potenzial entfalten

Peggy Fettig / Tanja Jungmann / Katja Koch
Überall steckt Kreativität drin
Alltagsintegrierte Kreativitätsförderung
für 3- bis 6-jährige Kinder
2023. 125 Seiten. 23 Abb. 1 Tab.
(978-3-497-03177-1) kt

Jeder Mensch kann kreativ sein – und das von Anfang an. Oft jedoch braucht es einen Impuls oder eine Aufgabenstellung, um bei Kindern kreatives Denken und Handeln anzustoßen. In diesem Praxishandbuch werden die theoretischen Grundlagen der Kreativitätsförderung anschaulich und praxisnah vermittelt.
Dabei steht die Nutzung des kreativen Potenzials von alltäglichen Situationen im Vordergrund. So kann sowohl die Begrüßung als auch eine Bilderbuchrunde für kreative Aktivitäten genutzt werden.
Mithilfe unterschiedlicher Impulse, die von Techniken des kreativen Gestaltens über das Musizieren bis hin zum Geschichtenerzählen reichen, wird ein individueller künstlerischer Prozess angeregt – denn Kreativität kann in Allem stecken!

reinhardt
www.reinhardt-verlag.de

Keine Meilensteine mehr verpassen

Judith Gartmann / Tanja Jungmann
Überall steckt Bewegung drin
Alltagsintegrierte Förderung motorischer Kompetenzen für 3- bis 6-jährige Kinder
Mit Online-Zusatzmaterial.
2021. 117 Seiten. 2 Abb. 3 Tab.
(978-3-497-03020-0) kt

Um motorische Fähigkeiten altersgerecht entwickeln zu können, brauchen Kinder Bewegungsgelegenheiten, räumliche Gegebenheiten, um sich sicher auszuprobieren und Anregungen durch pädagogische Fachkräfte. Stattdessen werden sie im Rahmen der Schulvorbereitung oft selbstverständlich an die Verrichtung sitzender Tätigkeiten gewöhnt. Das beeinflusst den natürlichen Bewegungsdrang der Kinder mit negativen Konsequenzen für deren Gesundheit und die Entwicklung motorischer Fähigkeiten. Dieses Praxishandbuch vermittelt die theoretischen Grundlagen der alltagsintegrierten Bewegungsförderung praxisnah und illustriert die konkrete Umsetzung anhand von zahlreichen Spielen und Ideen zur bewegungsförderlichen Gestaltung von Alltagssituationen.

reinhardt
www.reinhardt-verlag.de

Sozial-emotionale Kompetenzen

Tanja Jungmann/Katja Koch/Andrea Schulz
Überall stecken Gefühle drin
Alltagsintegrierte Förderung emotionaler und sozialer Kompetenzen für 3- bis 6-jährige Kinder
Mit Online-Materialien.
3., aktualisierte Auflage 2021.
126 Seiten. 9 Abb. 3 Tab.
(978-3-497-03052-1) kt

„Überall stecken Gefühle drin" weist auf das enorme Potenzial hin, sozial-emotionale Kompetenzen in Alltagssituationen in Kitas zu fördern. Das Buch zeigt, wie Kinder lernen, mit den eigenen Gefühlen und den Gefühlen anderer angemessen umzugehen, sich an soziale Regeln zu halten, selbstständig zu handeln und mit anderen zu kooperieren. Zusätzlich erhalten Fachkräfte in diesem Praxisbuch Anregungen zur Reflexion ihrer Arbeit.

reinhardt
www.reinhardt-verlag.de

Mathematische Kompetenzen

Katja Koch / Andrea Schulz / Tanja Jungmann
Überall steckt Mathe drin
Alltagsintegrierte Förderung mathematischer Kompetenzen für 3- bis 6-jährige Kinder
Mit Online-Materialien.
2., durchgesehene Auflage 2020.
120 Seiten. 35 Abb.
(978-3-497-02951-8) kt

„Überall steckt Mathe drin" zeigt, dass der Alltag der Kinder in Kindertageseinrichtungen voller Muster, Strukturen, Formen und Zahlen steckt. In diesem Buch wird praxisnah Grundlagenwissen zur Entwicklung mathematischer Basiskompetenzen im Alter von 3 bis 6 Jahren vermittelt. Illustriert durch viele Beispiele wird gezeigt, wie diese Kompetenzen alltagsintegriert gefördert werden können.

reinhardt
www.reinhardt-verlag.de

„Bewegte Kindheit“

Stefanie Kuhlenkamp / Gisela Schlesinger
Bewegungsförderung in Kindertageseinrichtungen
Frühe Bildung in Bewegung
2021. 211 Seiten. 70 Abb. 2 Tab.
Innenteil farbig.
(978-3-497-03033-0) kt

Bewegung gilt als wichtiges Lernmedium der frühen Kindheit: Sie regt Selbstbildungsprozesse an, unterstützt die Gesundheit und ermöglicht die Partizipation von Kindern. Auf der Basis frühpädagogischer Ansätze werden in diesem Buch vielfältige Möglichkeiten der altersgerechten und spielorientierten Bewegungsförderung aufgezeigt. Der Praxisteil beinhaltet Aktivitäten für Innen- und Außenraum. Es werden Bewegungslandschaften aufgebaut sowie Projekte und Eltern-Kind-Angebote vorgestellt. Die kindliche Phantasie wird durch Rollenspiele, den Einsatz von Musik und vielfältiges Material angeregt. Hinweise zur Raumgestaltung und methodisch-didaktische Überlegungen erleichtern die Umsetzung. Mit farbigen Fotos zur Veranschaulichung des Themas der Psychomotorik.

reinhardt
www.reinhardt-verlag.de

Frühförderung interdisziplinär

Helmut Hollmann / Markus Paulus / Franz Peterander /
Heidi Simoni / Renate Walthes (Hg.)
Frühförderung interdisziplinär
Zeitschrift für Frühe Hilfen und frühe Förderung benachteiligter, entwicklungsauffälliger und behinderter Kinder

Erscheint vierteljährlich
ISSN: 0721-9121

Die „Frühförderung interdisziplinär" bietet wissenschaftliche Grundlagen und Überblicke zu allen relevanten Themen in der Frühförderung. Sie berichtet über Modelle, Methoden und die Praxis in den unterschiedlichen Entwicklungsphasen der frühen Kindheit.

Top-Themen, Abos und Preise der „Frühförderung interdisziplinär" auf www.reinhardt-verlag.de/zeitschriften/fruhforderung-interdisziplinar/

reinhardt
www.reinhardt-verlag.de